ARTE Y TÉCNICA DEL DIBUJO

LA CABEZA Y EL ROSTRO

CÓMO REPRESENTAR RETRATOS Y SEMBLANTES CARACTERÍSTICOS

para uso de estudiantes de escuelas de arte y de artistas

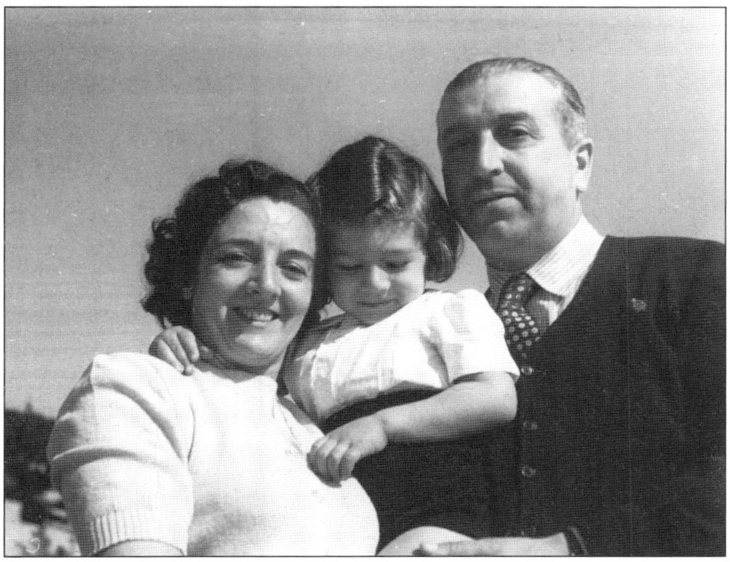

GIOVANNI CIVARDI

DRAC

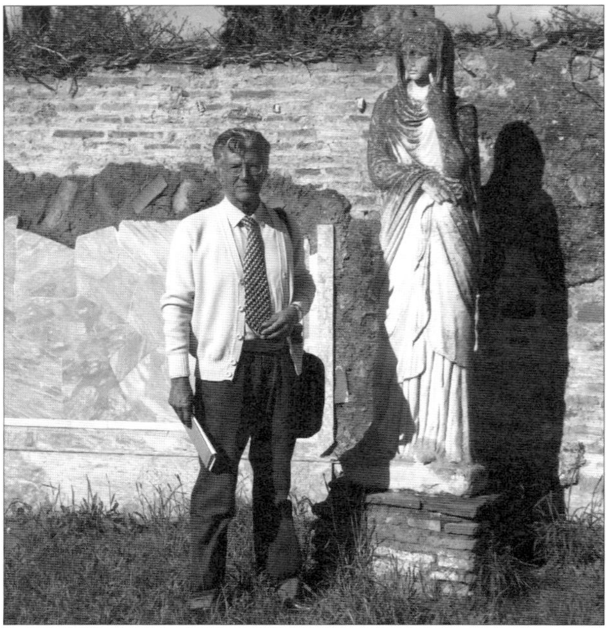

Mayo de 2010

Giovanni Civardi nació en Milán en 1947. Después de dedicarse a la ilustración y a la escultura, desde hace muchos años se ha centrado en la anatomía artística y dirige cursos de dibujo de la figura humana.

Tal vez la alegría sea un aspecto fugaz del dolor.

Quizá la eternidad se condense en un instante.

Índice

Editor: David Domingo
Coordinación editorial: Lorenzo Sáenz
Traducción: Joaquín Tolsá
Revisión técnica: María José Unturbe
Diseño de portada: José M. Alcoceba

Los rostros aquí dibujados se refieren a modelos profesionales u ocasionales encontrados en lugares públicos y, en cualquier caso, personas informadas (cuando ha sido posible). Cualquier posible parecido con otros individuos es pura coincidencia. Por eso se prohíbe la reproducción de las ilustraciones si no es para ejercitarse en el dibujo a título exclusivamente personal.

Publicado originalmente en italiano por Il Castello srl, Cornaredo (Milán), con el título: *La testa e il volto. Come raffigurare ritratti e visi caratteristici.*

Primera edición: 2011
Segunda edición: 2020

c/ Impresores, 20
P. E. Prado del Espino
28660 Boadilla del Monte, Madrid
Tel.: 91 559 98 32
E-mail: info@editorialeldrac.com
www.editorialeldrac.com

ISBN: 978-84-9874-210-7
Depósito legal: M-27.684-2011
Impreso por Artes Gráficas COFÁS
Impreso en España - *Printed in Spain*

Introducción

A mi madre, a mi padre

El rostro y la figura siempre han estado en el centro del interés artístico. El rostro de una persona identifica a ese individuo en particular, no solo por sus rasgos fisonómicos, sino también porque revela, en gran medida, su personalidad, su expresión, su pensamiento, sus emociones. Cuando se piensa en una persona se recuerda de ella, casi siempre y en primer lugar, los rasgos faciales personales y su expresión habitual: el impulso a dibujar determinado rostro nace, posiblemente, del deseo de representar los rasgos que lo hacen único y que su carácter deja traslucir. De hecho, el aspecto físico de un individuo y su personalidad están estrechamente relacionados. Y es precisamente la descripción de las características individuales lo que distingue un retrato (entendido en el sentido más común) de una figura o un rostro genérico. El boceto gráfico y el dibujo son, pues, un entrenamiento de la observación precioso, porque el mejor método para realizar un retrato o un estudio de cabeza (que, en el fondo, cabe reconducir siempre a un "retrato no intencional") es el de examinar la forma y la estructura de la cabeza, analizando sus proporciones globales y las de cada elemento del rostro, poniéndolas en relación recíproca. La precisión y la exactitud de posición con las cuales se representan, en el dibujo, estos elementos faciales y, añadiría yo, la percepción empática de la atmósfera psicológica que emana del modelo, garantizan el carácter del parecido, el atributo que se considera fundamental en el retrato. En este libro, que sigue a otro, de la misma colección, dedicado exclusivamente al retrato y a otro más dedicado a los esbozos de rostros, he retomado el tema, pero tratando de dirigir la atención del artista hacia las oportunidades gráficas y estéticas que ofrece cualquier rostro, incluso el de personas totalmente desconocidas, encontradas por casualidad y de las cuales nada se sabe, atrayentes por sus meras características faciales. Normalmente, se entiende por rostro característico el que muestra con particular evidencia un marcado carácter de las facciones en su conjunto, o bien de algunos de los rasgos fisonómicos o de la expresión habitual, elementos todos ellos que estimulan la curiosidad gráfica del dibujante y su sentido estético. En resumen, si el artista se habitúa a utilizar el lápiz para llenar de bocetos y estudios su cuaderno de apuntes, encontrará con toda seguridad una gran cantidad de rostros atractivos e interesantes observando sencillamente a las personas que fluyen bajo su mirada en cualquier lugar público...

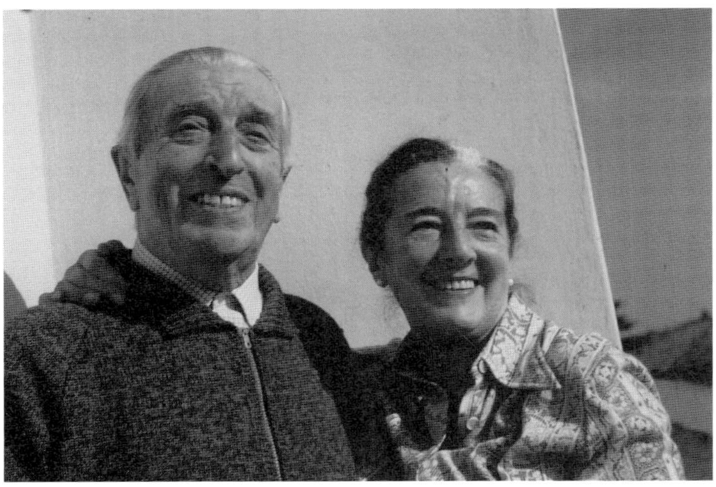

I Consideraciones prácticas

La profundidad de pensamiento se salva con la ligereza.

Empleo de las reproducciones en yeso. Es muy ventajoso iniciar el estudio de la cabeza humana, por lo menos en las primeras fases de aprendizaje, y únicamente en ellas, sacando un vaciado de yeso que reproduzca fielmente una buena escultura de estilo realista. En las escuelas de bellas artes tradicionales es habitual disponer de copias de obras de grandes artistas o grandes civilizaciones artísticas del pasado (Donatello, Miguel Ángel, Houdon, el arte griego, el arte romano, etc.). Es un ejercicio que puede parecer totalmente desusado y bastante tedioso, pero, si se lleva a cabo con inteligencia y con libertad expresiva, se demuestra en cualquier caso muy útil todavía hoy, porque permite adquirir gradualmente y, sobre todo, sin la urgencia dictada por la movilidad del modelo, una aguda capacidad de observar las formas, las relaciones de proporción, los volúmenes y el dominio técnico para expresarlos con eficacia conociendo a fondo la técnica del claroscuro.

Uso de la fotografía. La fotografía es muy útil, a veces indispensable, en las situaciones en las que no es posible dibujar, o bien cuando el modelo "genérico" es sorprendido en lugares atestados, en el curso de acciones rápidas, casuales, irrepetibles. En estas circunstancias, la fotografía (que es ella misma un arte) ofrece al artista muchas ventajas prácticas, ya que, por ejemplo, registra de manera instantánea tanto las expresiones fugaces como los detalles menudos del rostro (de forma o de iluminación) que pasan inadvertidos a la atención rápida y superficial, y que no se tendría tiempo material de registrar en un boceto rápido. Al retratista le permite elaborar después su obra con calma, en el estudio y también en ausencia del modelo. No se trata, desde luego, de "copiar" la imagen fotográfica, sino de hacer buen uso de los datos objetivamente fijados para lograr el parecido auténtico y vital a través de una síntesis entre los datos desunidos por la observación directa del modelo (cuando es posible) y por las fotografías que lo representan. El objetivo del artista, de hecho, es crear una atmósfera en una imagen que compendie y supere la realidad. En suma, la fotografía no sustituye la observación directa o el boceto del natural: el artista dibujante debe considerarla como un instrumento y utilizarla como tal. Cuando se sacan personalmente fotografías de referencia y de documentación (y, con mayor razón, cuando se emplean fotografías tomadas en otro lugar), conviene considerar y compensar los límites ópticos del instrumento mecánico (que "ve" a través de un objetivo único, mientras que la visión humana es binocular). El objetivo de la máquina, por ejemplo, en relación con su distancia focal, produce distorsiones (tal vez mínimas, pero presentes) de las proporciones y de la perspectiva del rostro, las cuales se pueden arreglar en parte fotografiando al sujeto a cierta distancia, o bien usando teleobjetivos adecuados. La película fotográfica o la adquisición digital de la imagen (sobre todo en colores) muestran una sensibilidad inferior a la del ojo y producen, casi siempre, imágenes en las que las sombras son demasiado densas o las partes iluminadas excesivamente claras. Más que a pleno sol o con la escasa luminosidad de los ambientes cerrados conviene, pues, realizar las fotografías de retrato con luz diurna difusa.

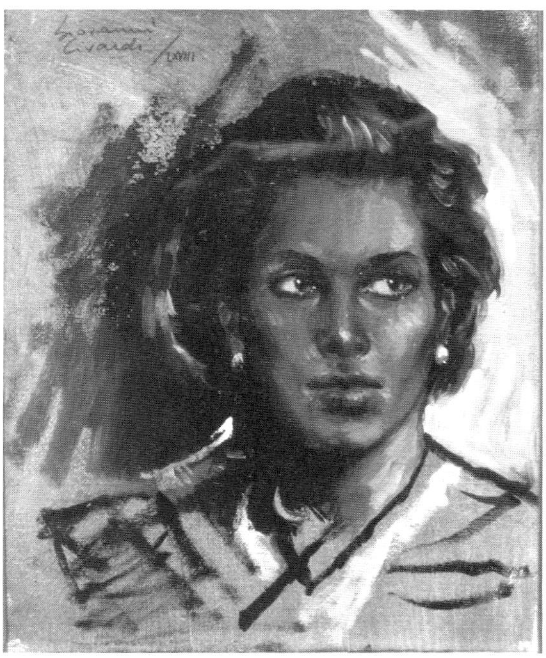

Estudio para un retrato – óleo sobre tela, 21 × 26 cm, 1968

Tipos de pose o de actitudes del modelo. Para realizar un retrato (o también un estudio en profundidad de la cabeza genérica) de un sujeto es necesario que adopte (y mantenga durante cierto tiempo) una posición idónea, para poner en evidencia sus características fisonómicas y que ofrezca un interés estético compositivo.

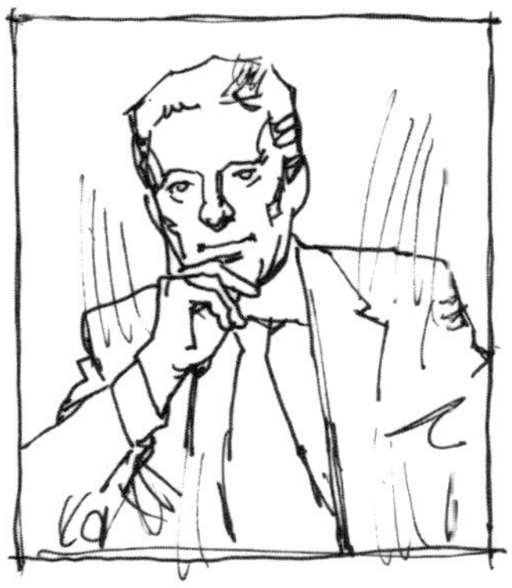
1

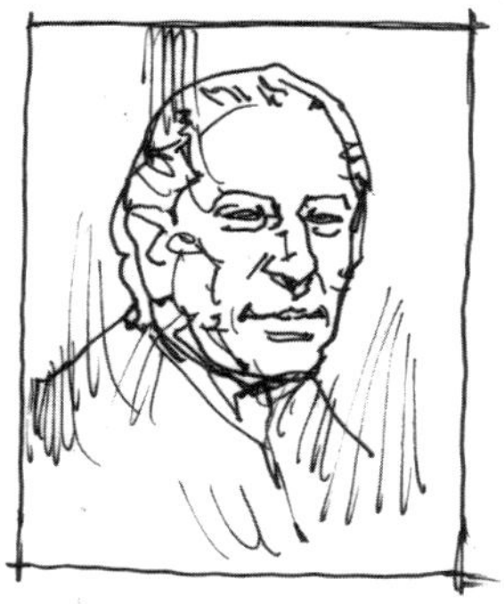
2

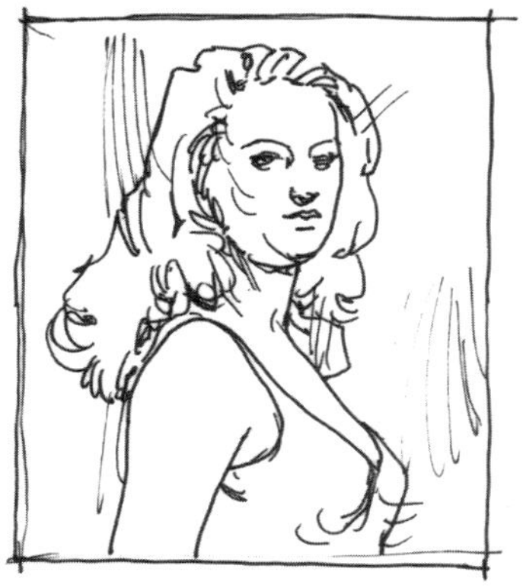
3

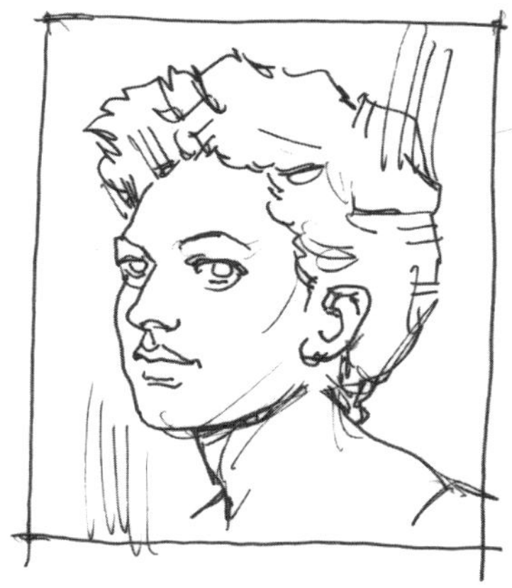
4

Esquemas de retrato de tipo "formal" (o clásico). En estos casos el sujeto adopta una actitud estática, tranquila, reflexiva, inspirada en suma en la típica tradición del retrato "de representación". Normalmente, se elige la vista oblicua del rostro, una iluminación bastante difusa y se incluye una porción del busto, tratando de obtener una disposición equilibrada tanto de los elementos objetivos como de las áreas tonales.

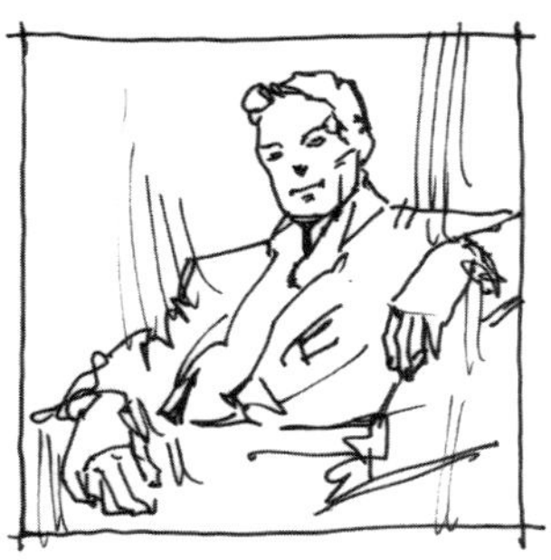
1

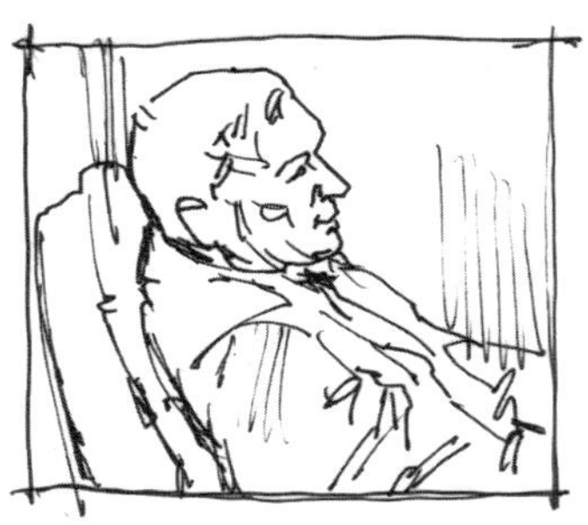
2

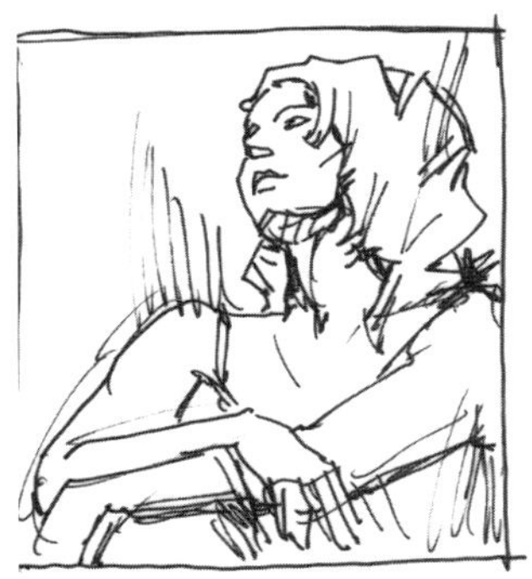
3

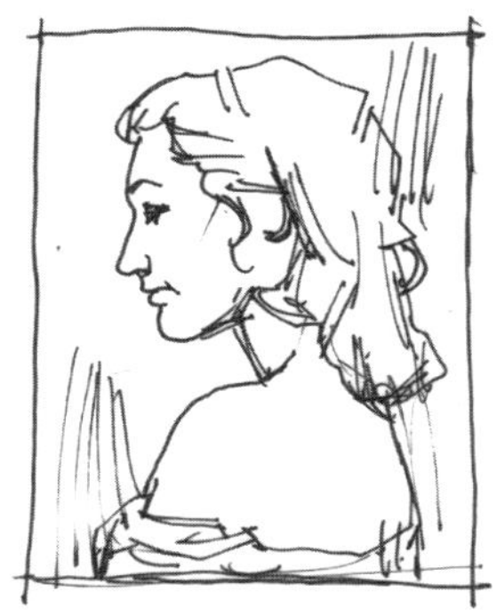
4

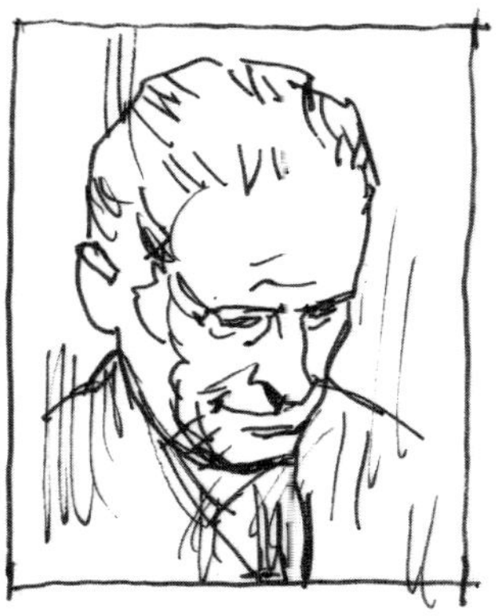
5

Esquemas de retrato de tipo "informal". El artista puede también decidir encontrar formas nuevas e insólitas de organización del espacio de la imagen y de alejarse de los esquemas habituales. El sujeto, entonces, es "sorprendido" en actitudes o en expresiones de carácter casual, espontáneo, instantáneo, apto para sugerir, a quien observa el dibujo, una sensación de gesto precario, transitorio. Es la composición a la que se recurre con mayor frecuencia cuando se hacen esbozos improvisados de personas observadas por casualidad.

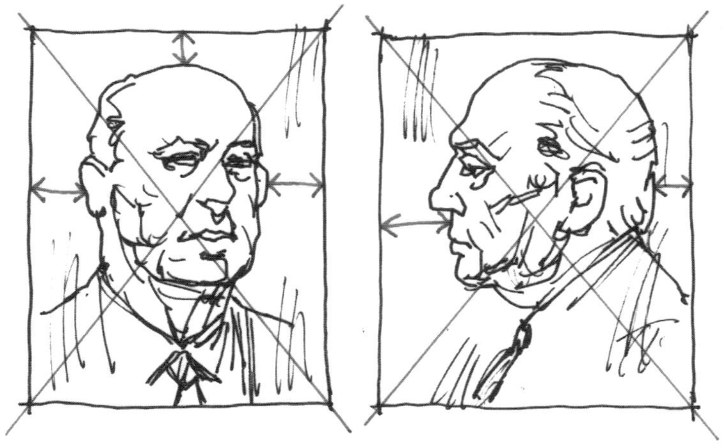

Esquema de la disposición de las dimensiones de la cabeza dibujada en relación con el formato y las dimensiones del soporte.

Esquemas de composición. *Hay que evitar las composiciones en las que la cabeza resulte demasiado pequeña o excesivamente grande respecto al papel, aparezca tangente a uno de los lados, o bien quede incompleta y "cortada". Naturalmente, no se trata de reglas fijas. Es más: el artista debería explorar las mejores maneras para infringirlas y obtener efectos insólitos más interesantes, con tal que no sean fruto de mera arbitrariedad injustificada o de incompetencia técnica.*

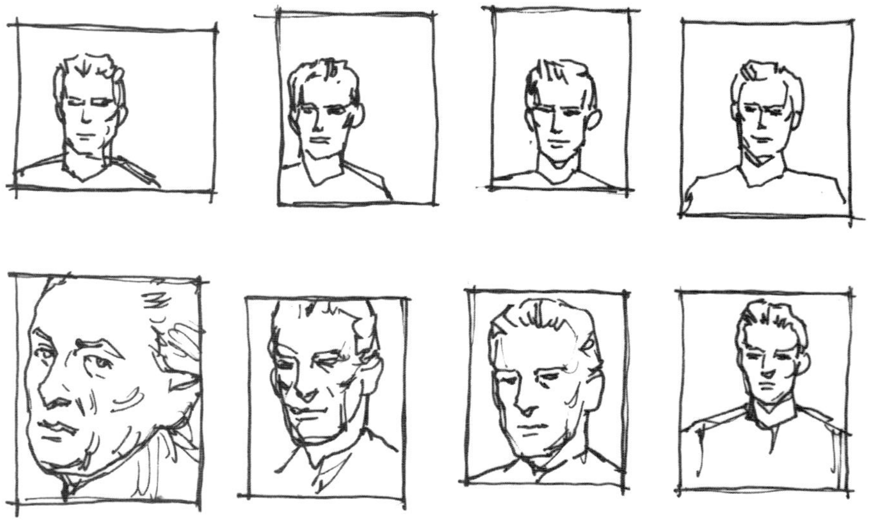

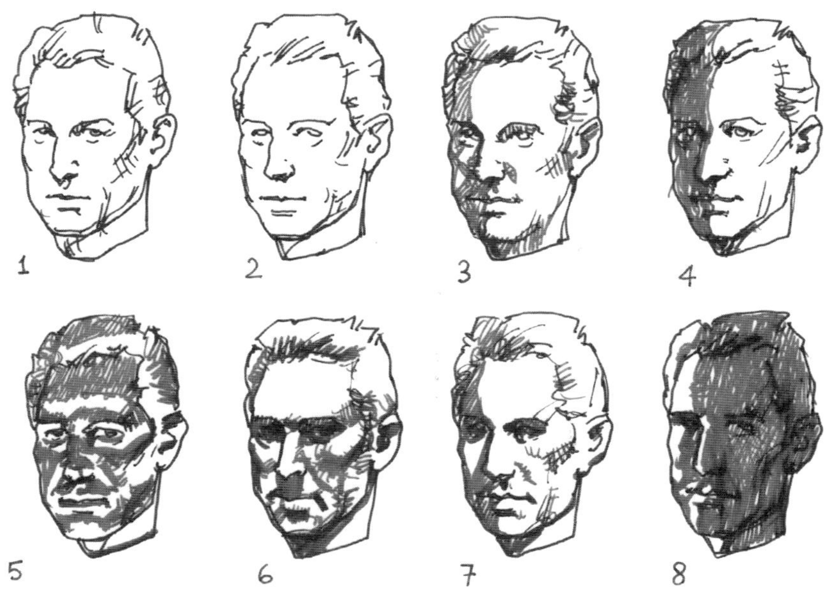

Iluminación. *Esquemas de los diferentes tipos de incidencia de la luz sobre un rostro: 1) luz difusa; 2) luz frontal; 3) oblicua/frontal; 4) luz lateral; 5) luz desde abajo; 6) luz desde arriba; 7) luz oblicua/lateral desde arriba; 8) luz oblicua posterior.*
La iluminación del rostro puede ser natural o artificial. Cuando se hacen esbozos de personas encontradas por la calle o en otros lugares públicos, hay que adaptarse a la iluminación del momento y tratar de sacarle el mejor partido o, por lo menos, que nos sirva de inspiración. Pero, cuando se realiza el estudio del rostro de una persona "en pose" es indispensable considerar el tipo y la intensidad de iluminación más adecuados. Por ejemplo, en el retrato "de parecido" es idónea la iluminación indicada en los esquemas 1, 2, 3 y 5, mientras que los otros sugieren efectos "dramáticos", válidos para estudios de rostros "genéricos".

Páginas del bloc de bocetos y de estudios del natural

Los lugares públicos ofrecen muchas ocasiones propicias para observar los rostros de personas desconocidas y que presentan los más diversos tipos de formas, de expresiones, de posiciones. La costumbre de dibujar bocetos rápidos, del natural, de estos personajes debería ser, pues, normal para el artista. Debería haber siempre en su bolsillo un bloc y un lápiz, listos para ser usados con el fin de registrar fisonomías y detalles del rostro: pequeñas anotaciones, casi retratos "anónimos", que adiestran la mano y la capacidad de observación y que, no pocas veces, pueden servir de sugerencia o de referencia para dibujos más elaborados. Reproduzco aquí algunas páginas de mis cuadernos: tracé los dibujos en París, en diversas circunstancias, y me valí, entonces, de rostros desconocidos, apenas esbozados en pocos minutos, para traducirlos en algunas imágenes que pueden verse también en este libro...

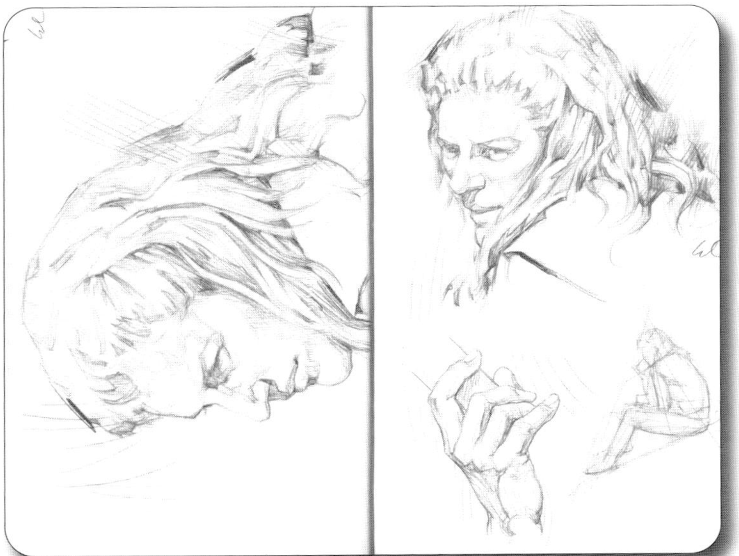

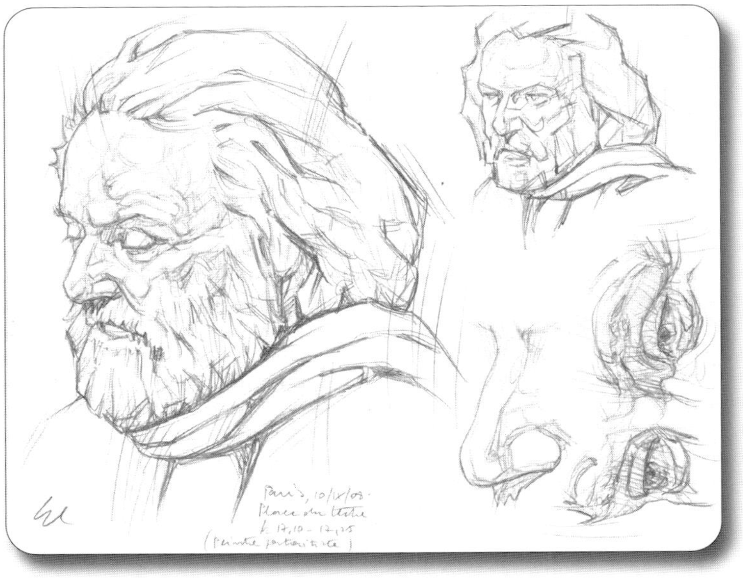

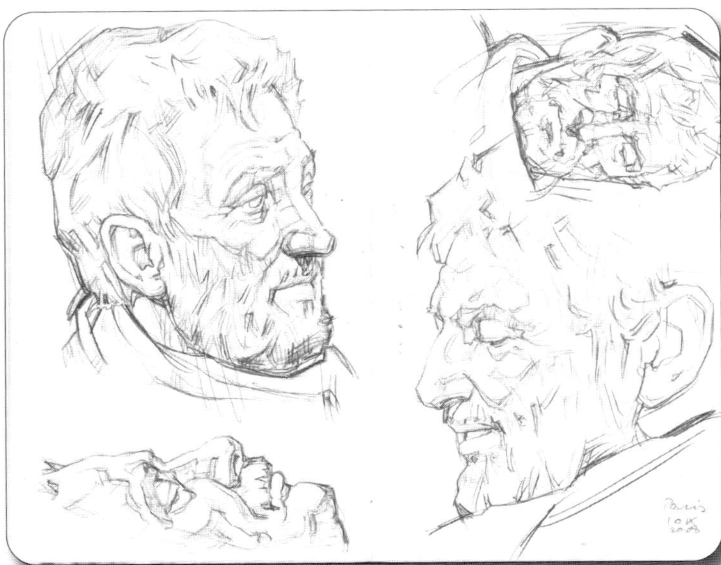

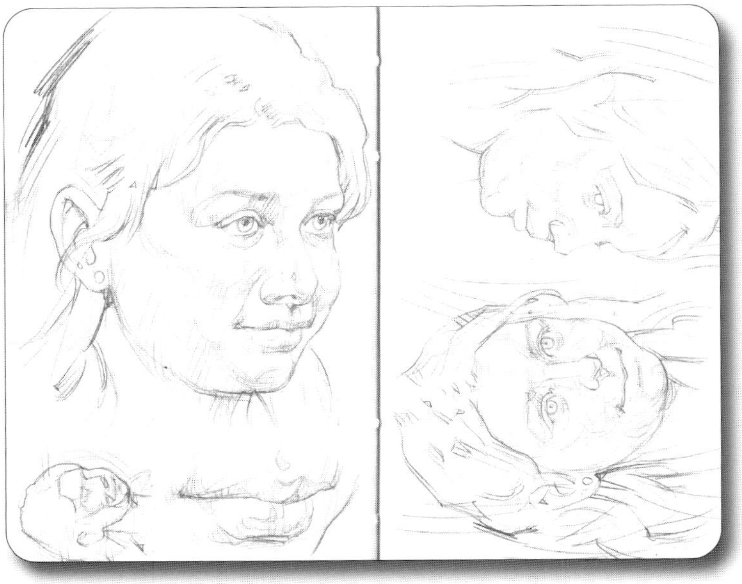

2 Referencias de anatomía y de morfología externa

La representación de la cabeza humana se vuelve mucho más fácil y precisa si el artista posee conocimientos, al menos rudimentarios, de la estructura anatómica[1]. La forma del cráneo, de hecho, determina la forma global de la cabeza (con leves diferencias entre los dos sexos) e influencia las características fisonómicas individuales. El cráneo humano está compuesto por numerosos huesos sólidamente unidos entre sí para formar las dos partes que lo constituyen: la *caja craneana* y el *bloque facial*. El único hueso móvil es la mandíbula, la cual, haciendo perno sobre los dos cóndilos, se articula con la caja craneana. También los músculos son muy numerosos: los *masticadores* (masetero, temporal, etc.) actúan sobre la mandíbula; los *cutáneos*, muy delgados, actúan en cambio únicamente sobre la piel y desempeñan funciones fisiológicas (los movimientos de los labios o de los párpados, por ejemplo) y, sobre todo, mímicas, creando todos los matices expresivos de los estados de ánimo. La forma y el volumen del cráneo sufren también variaciones en las fases de crecimiento y de senectud y ello influye en no pequeña medida en las proporciones relativas y las peculiaridades individuales (ver esquemas de págs. 36 y 48). Además, es sabido que las diferentes modalidades de evolución y de adaptación ambiental han conducido a diversidades en la forma craneana entre los tres grandes grupos humanos, compendiadas en el esquema reproducido más abajo. Al dibujar, pintar o modelar una cabeza humana es importante considerar también su estructura muscular y el volumen del cuello, porque su representación correcta, sugiriendo la actitud de la pose, confiere vitalidad y expresividad al rostro. Si la cabeza, en su conjunto, puede geometrizarse en una forma ovoidal, el cuello es asimilable a un cilindro cuyo aspecto está dominado, a los lados, por los dos cordones convergentes sobre el esternón (los músculos esternocleidomastoideos) y, dorsalmente, por el músculo trapecio.

Las formas externas se estratifican y se disponen sobre el componente óseo y sufren, en gran medida, su influencia[2]. Los ojos son la parte más significativa del rostro. Los párpados cubren los globos oculares, siguen su forma esférica y dejan que aparezca el iris, la pupila y porciones de la esclerótica, indicando, así, la dirección de la mirada. Los labios son muy móviles y expresivos, manifiestan gran parte de las emociones y pueden indicar algunos aspectos del carácter individual. Se acomodan sobre la forma semicilíndrica de las mandíbulas y su abertura de separación (entre el labio superior y el inferior) discurre aproximadamente a mitad de altura de los dientes incisivos superiores. Las orejas son complejas, pero pueden simplificarse, en sus rasgos fundamentales, con pocos trazos que describan los planos concéntricos en el orificio auditivo externo. Poseen caracteres individuales muy precisos, sobre todo manifiestos en las personas de edad avanzada. La nariz es un elemento imponente, en el rostro, y ha de tratarse tanto con solidez en su estructura y en la perspectiva como con delicadeza al valorar su volumen y las sombras proyectadas. Mucha atención requieren la pilosidad del rostro masculino y, sobre todo, el cabello. Este debería representarse siguiendo la modulación de las grandes masas y de los reflejos, destinando a ello solo pocos trazos finos y precisos que sugieran la suavidad del cabello, su color y el estilo del peinado.

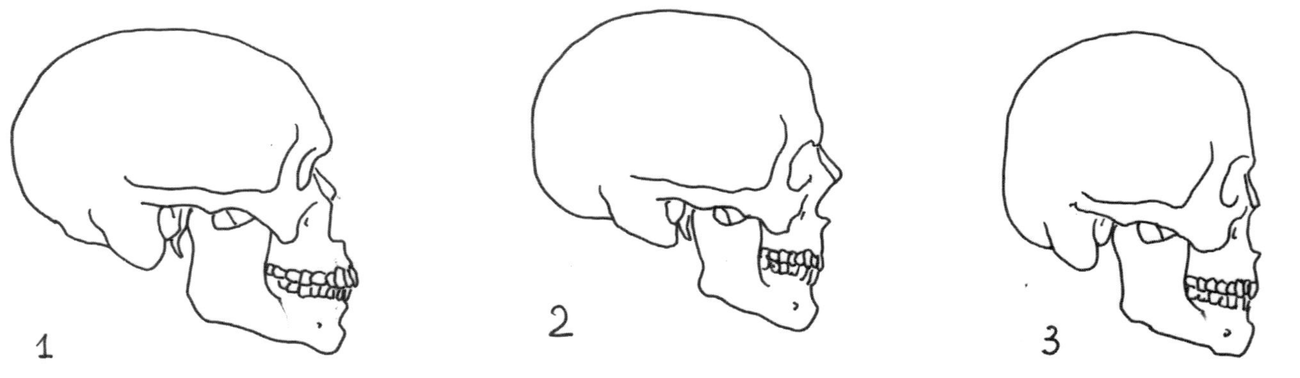

Perfiles gráficos de cráneos pertenecientes a los tres grupos humanos principales (sexo masculino, vista lateral derecha): 1) Negroide (Melanoderma); 2) Caucasoide (Leucoderma); 3) Mongoloide (Xantoderma).

1 – Para la posible profundización en este tema se podría consultar mi libro *Dibujo de la anatomía y estudio del movimiento*.

2 – Los esquemas gráficos relativos a los principales componentes del rostro se tratan más exhaustivamente en un volumen anterior de esta misma colección, *El retrato*.

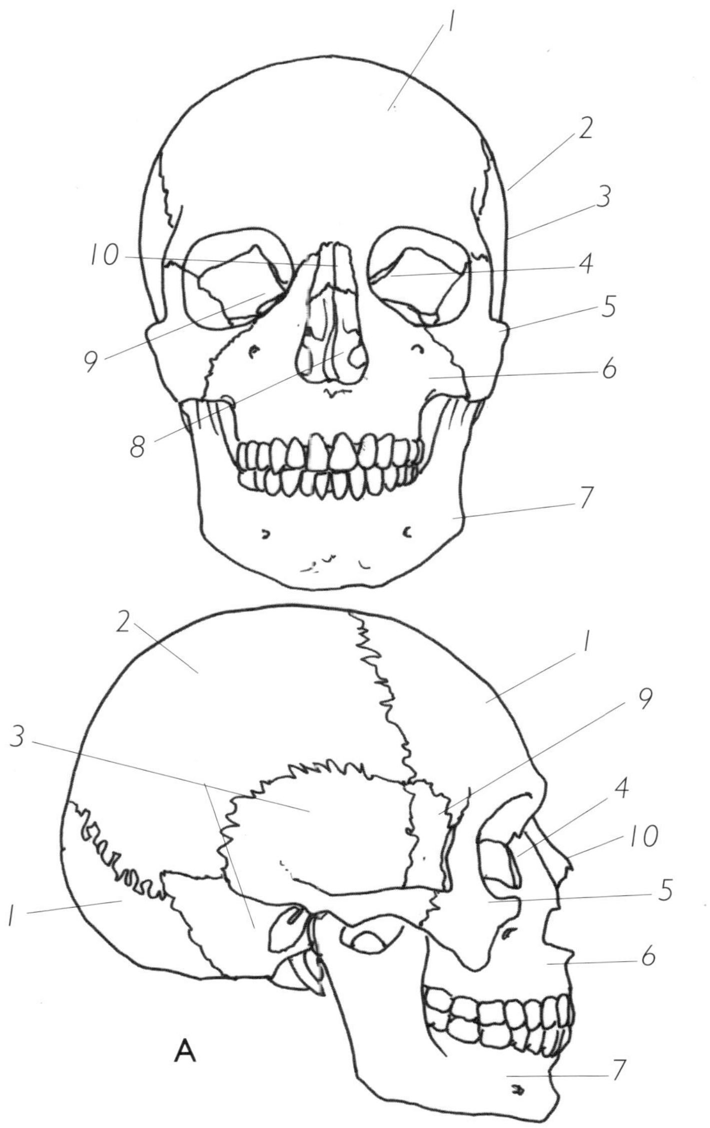

A

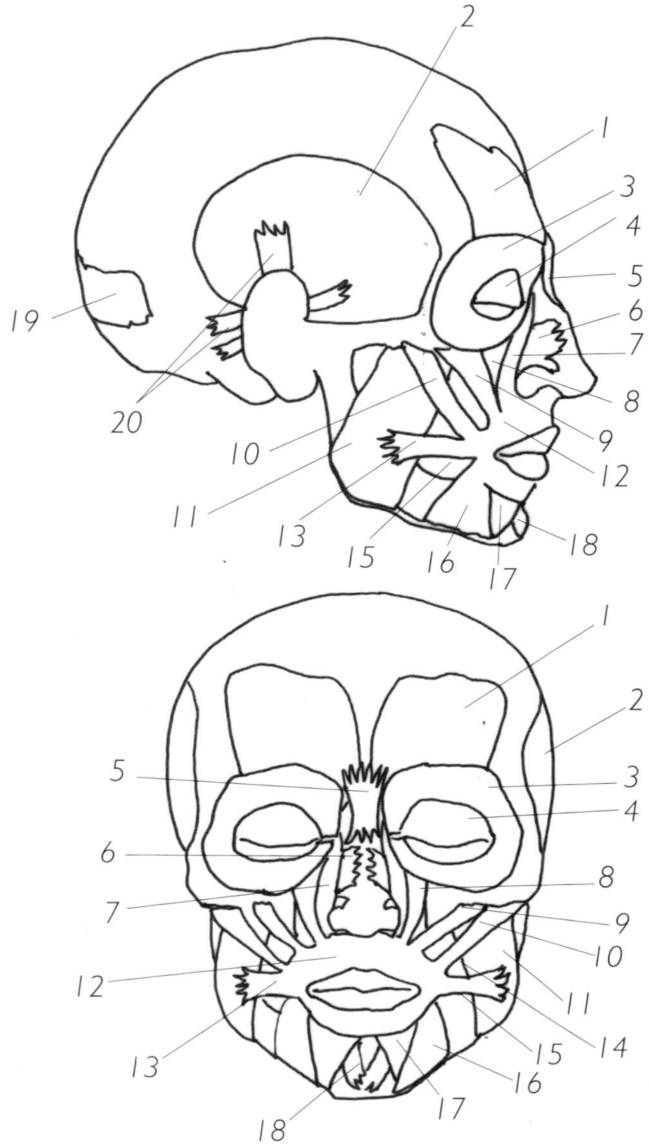

B

Dibujos esquemáticos del cráneo (A) y de los principales músculos superficiales (B).

A - HUESOS

1) frontal; 2) parietal; 3) temporal; 4) lacrimal; 5) cigomático; 6) maxilar; 7) mandíbula; 8) vómer; 9) esfenoides; 10) nasal; 11) occipital.

B - MÚSCULOS

1) frontal; 2) temporal; 3 y 4) orbicular del ojo; 5) piramidal; 6) nasal; 7) cuadrado del labio superior; 8) cuadrado del labio superior (porción infraorbitaria); 9) cigomático menor; 10) cigomático mayor; 11) masetero; 12) orbicular de la boca; 13) risorio; 14) canino; 15) buccinador; 16) triangular de los labios; 17) cuadrado del labio inferior; 18) mentoniano o borla del mentón; 19) occipital.

3 Procedimientos

Todo parece acabado. Y sin embargo, algo falta...

Para dibujar un rostro existen varios procedimientos, fruto de la experiencia y de la tradición, además de los hábitos y preferencias personales de cada artista. Se pueden resumir, en todo caso, en dos grandes tendencias opuestas, concretadas sobre todo en el modo de "ver" y de percibir la realidad, más que en sus oportunidades prácticas efectivas. La primera tendencia se puede denominar *inductiva,* porque el artista elige un detalle del rostro (normalmente, uno o ambos ojos) y a partir de él procede a añadir los demás, según oportunas medidas o correlaciones proporcionales. La segunda tendencia, definible como *deductiva,* prevé en cambio que se pase de la valoración de las formas globales de la cabeza o del rostro a la situación, en su justo ámbito, de cada detalle. Ambos procedimientos tienen aspectos ventajosos y, en la práctica, se integran mutuamente: el predomino del uno o del otro viene sugerida por las características somáticas o de actitud del sujeto y por el proceso psicológico del artista. Por ejemplo, el modo de proceder inductivo requiere paciencia y rigor de comparación entre los volúmenes y las distancias de los detalles del rostro: al tratarse de lograr un conjunto mediante la suma de fragmentos, basta un mínimo error de valoración para desbaratar todo el resultado. El modo de proceder deductivo quizá sea preferible, porque sigue un recorrido más coherente con la visión "artística", la cual percibe las formas en su integridad y, después, indaga sus principios constructivos y busca sus líneas estructurales.

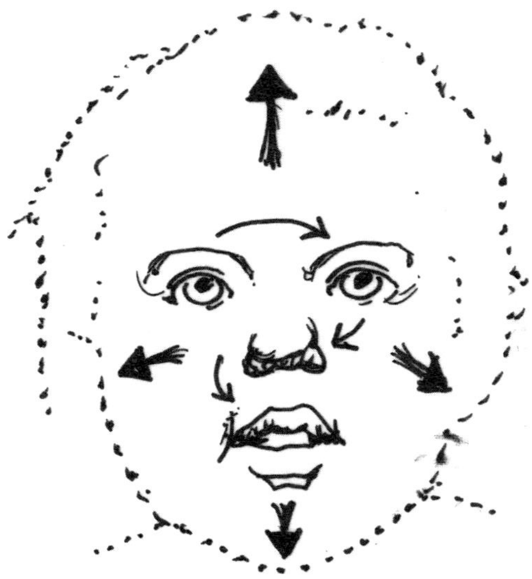

De lo particular a lo general (inductivo)
(Del centro a los contornos globales)

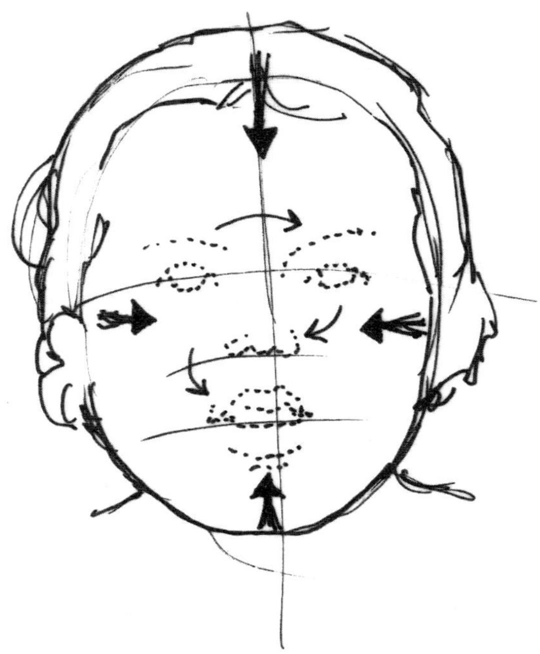

De lo general a lo particular (deductivo)
(De los contornos globales a los detalles centrales)

Otros aspectos de procedimiento atañen al modo en que se percibe el rostro, el efecto estético que se desea obtener y las características gráficas más adecuadas para obtenerlo al realizar el dibujo. Por ejemplo, este puede ser sintético (es decir, concentrado sobre las formas principales y más amplias, subordinando el detalle al conjunto), o bien analítico (es decir, prolijo en el análisis y en la representación también de los detalles más diminutos, que integren la forma global y la definan con detalles descriptivos de carácter casi "científico"). Ambas tendencias, después, pueden asumir un aspecto predominante o exclusivamente lineal (en el cual toda la representación se realiza recurriendo únicamente a la línea, la cual indaga las formas y los volúmenes del rostro de manera casi incisiva, sin el auxilio del matiz tonal), o bien tonal (en el cual la modulación del claroscuro no recurre al trazo lineal, sino solo a la gradación de los tonos). Es evidente que también estos procedimientos se integran mutuamente.

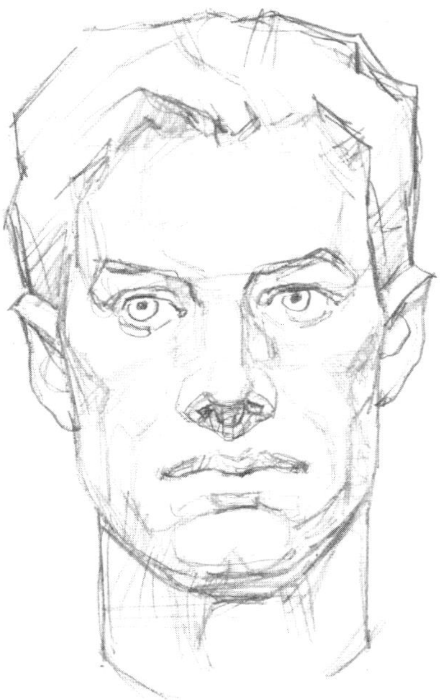

Sintético (mediante grandes masas)

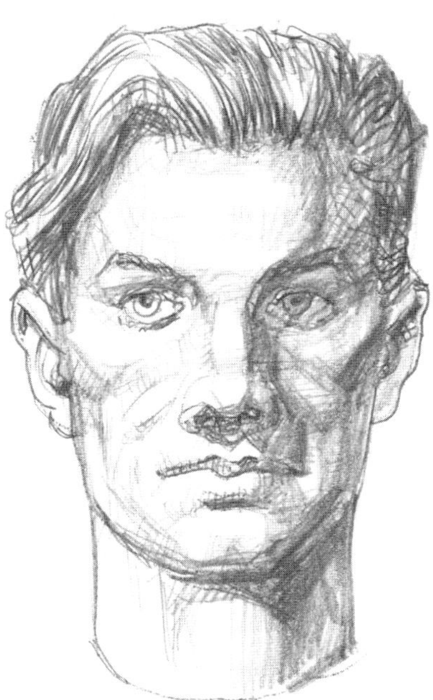

Analítico (mediante detalles)

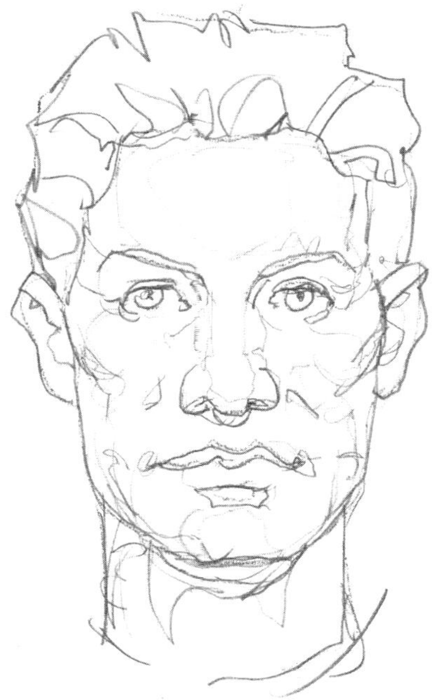

Lineal (solo mediante líneas)

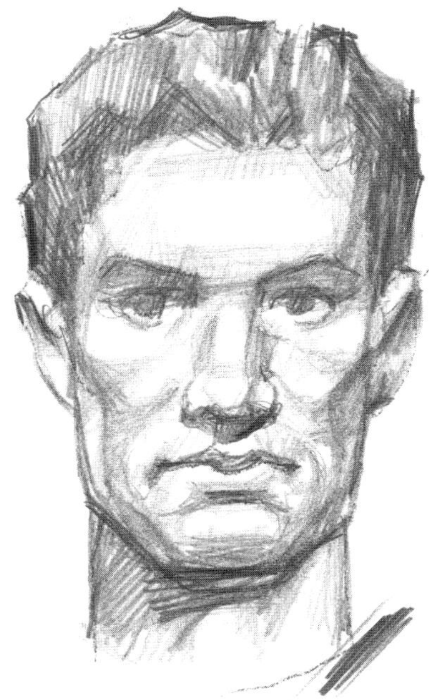

Tonal (únicamente mediante matices de claroscuro)

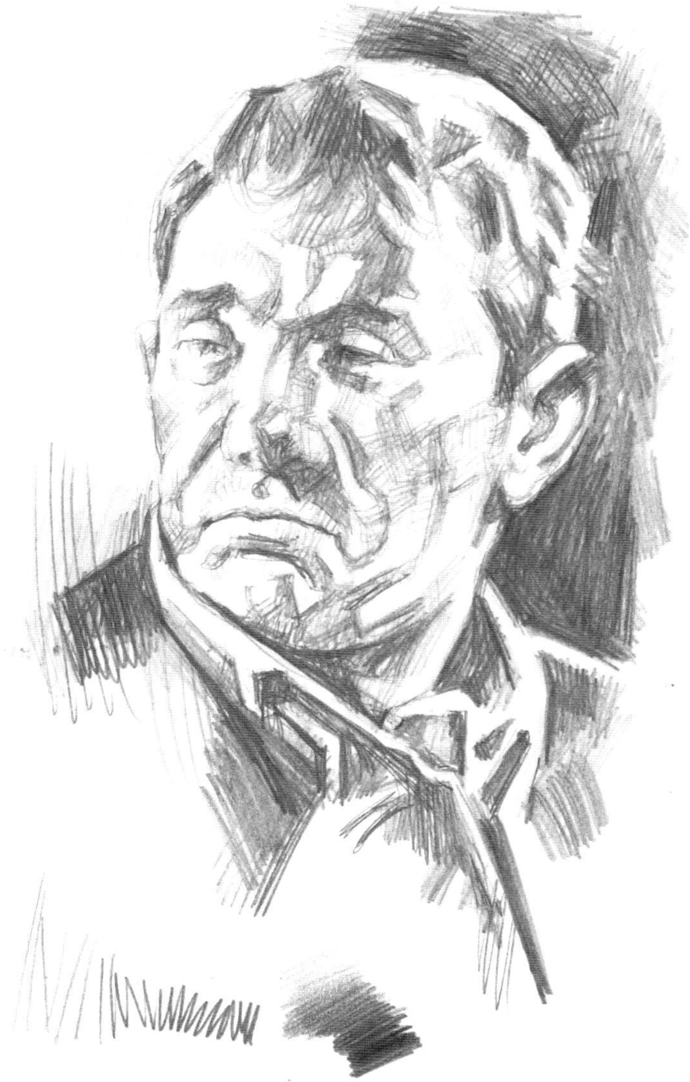

El **lápiz** *es el instrumento más frecuentemente utilizado para cualquier tipo de dibujo, porque ofrece peculiares características de espontaneidad expresiva, precisión y comodidad de ejecución. Puede usarse para dibujos muy elaborados, o bien para pequeños estudios y esbozos sumarios de referencia: para estos últimos son adecuadas las minas, mientras que para los primeros se puede optar por barras de grafito de mayor diámetro y de graduación más blanda. De hecho, las barras de grafito, que conviene manejar insertándolas en portaminas con pulsador, a semejanza de los lápices (al fin y al cabo, minas de grafito insertadas en la empuñadura de madera), se gradúan según su consistencia, desde 9H, muy dura, que realiza trazos finos y claros, hasta 9B, muy blanda, que realiza fácilmente trazos gruesos y oscuros, dependiendo de la presión ejercida.*

Los artistas también emplean con frecuencia la **tinta.** *Puede aplicarse tanto con pincel como con plumilla, pero se obtienen efectos particulares utilizando, por ejemplo, caña de bambú, plumillas de punta gruesa, plumas estilográficas, plumas "técnicas" (estilógrafos), rotuladores de fieltro, bolígrafos y rotuladores de bola. Las intensidades tonales se gradúan, normalmente, cruzando con mayor o menor densidad, y con diversa inclinación, los trazos de plumilla. Por esta razón, es aconsejable dibujar sobre papel o cartulina de tipo liso y de buena calidad, a fin de evitar que la superficie se deshilache o que la tinta se absorba irregularmente. Una variante de la técnica a tinta es la denominada pincel seco, que consiste en realizar trazos disgregados y vaporosos arrastrando sobre el papel la punta de un pincel blando semiseco.*

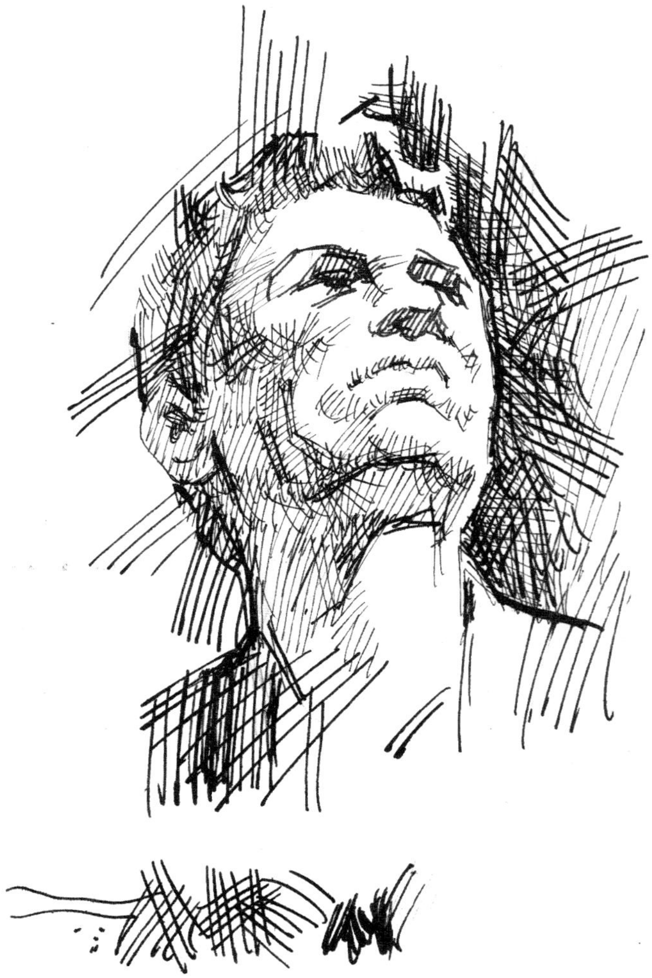

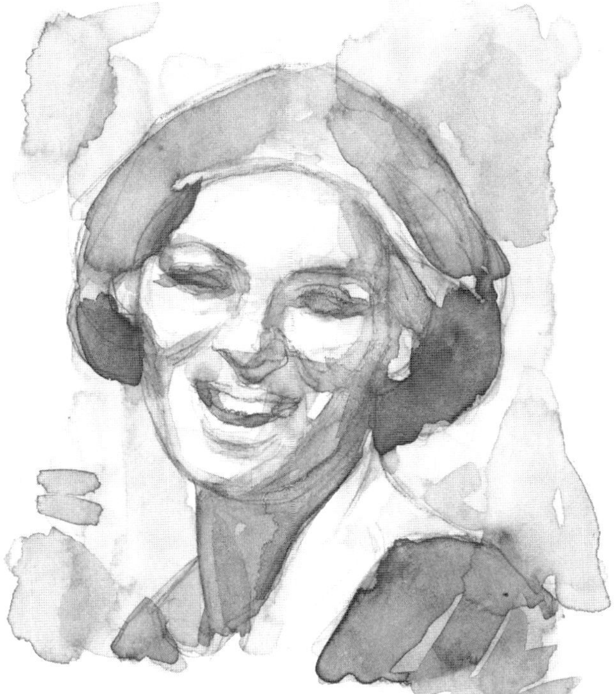

Los colores a la **acuarela***, las tintas hidrosolubles, los lápices acuarelables o la tinta china, si se diluyen con agua de diverso modo, producen variaciones tonales muy ricas y matizadas, adecuadas para realizar estudios de cabezas (según los procedimientos pictóricos clásicos), o bien para integrar el claroscuro de dibujos realizados a lápiz o a pluma. Se puede utilizar un solo color diluido y matizado en sus gradaciones de tono (la aguada), o bien, con el mismo procedimiento y obteniendo los mismos efectos, la tinta china, a fin de concentrar el estudio, más que en el color, en la modulación de las formas en relación con la iluminación. La técnica correcta de la acuarela requiere que se proceda de los tonos claros a los cada vez más oscuros, porque el color se mantiene transparente y su intensidad se obtiene mediante estratificaciones sucesivas, las cuales, en cualquier caso, permiten que se trasluzca la luminosidad del papel blanco.*

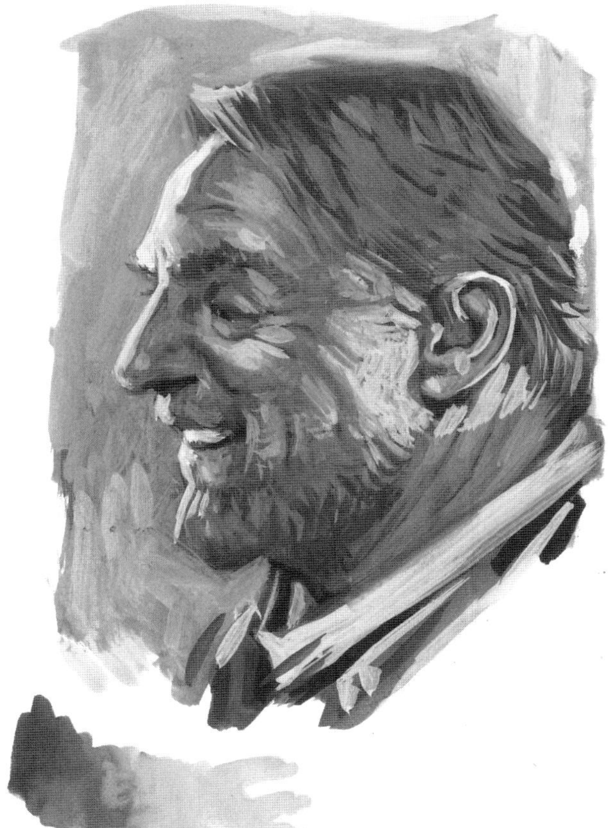

La **témpera** (gouache) *es una técnica pictórica muy bella, porque puede también asumir caracteres puramente "de dibujo" y posee propiedades intermedias entre las de la acuarela y las del óleo o las del acrílico. Como para la acuarela, los colores se diluyen, hasta la densidad deseada, mediante agua (pero se aclaran y se gradúan de tono con el añadido de blanco), y se extienden con pinceles de pelo. Como el óleo, aun permitiendo veloces y tenues veladuras, las pinturas de témpera (cuando se aplican con densidad bastante consistente) son cubrientes y ello significa que la aplicación de una capa de color denso, con cuerpo (que, en cualquier caso, se seca en poco tiempo) cubre y esconde lo subyacente. De este modo, se pueden realizar tanto trabajos muy espontáneos, con pinceladas sueltas, como trabajos muy minuciosos, nítidos y ricos de detalles. La témpera puede aplicarse sobre cualquier soporte algo rugoso y que no repela el agua, incluso de color (papel, cartón, tela, cartón entelado, etc.), conserva una superficie "aterciopelada" muy agradable y puede integrarse con trazos de pincel y tinta, de grafito, de carboncillo y de lápices de colores.*

Las características peculiares de cada una de las diferentes técnicas permiten realizar dibujos que apoyen plenamente el temperamento del artista. En los ejemplos reproducidos en las páginas posteriores he subdividido arbitrariamente el proceso en cinco fases sucesivas, espero que, de por sí, bastante claras para sugerir el modo de avanzar en el dibujo de una cabeza. Es uno de los muchos procesos, intuitivo y bastante "académico", pero que se ha demostrado muy útil para iniciarse con éxito en la representación de cualquier tema o sujeto. El procedimiento, en resumen, consiste en la indicación sumaria, pero precisa, de las dimensiones globales y de las relaciones principales de proporción (Fase 1); en la indicación de la estructura volumétrica (Fase 2); en la aplicación simplificada de las áreas en sombra (Fase 3); en la modulación de los tonos de claroscuro (Fase 4); en la elaboración gradual de las tonalidades y de los detalles hasta el logro del efecto deseado (Fase 5). Una vez dominado el uso del instrumento, del procedimiento y del modo de "ver", cada artista encontrará su personal estilo expresivo y la gradualidad de su manera de proceder.

4 Ejemplos de procedimiento: lápiz

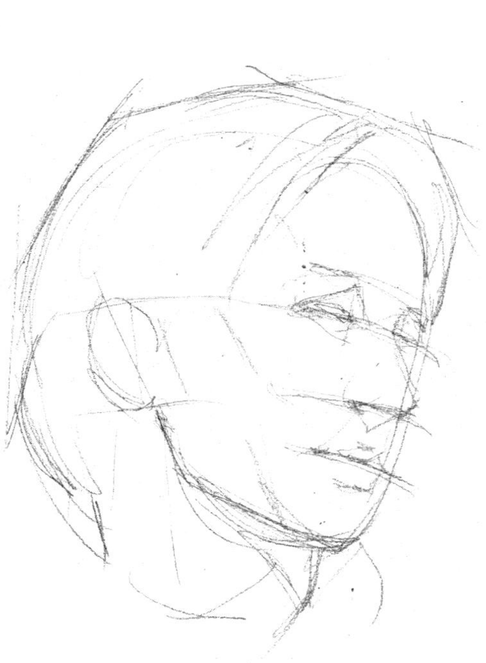

Fase 1

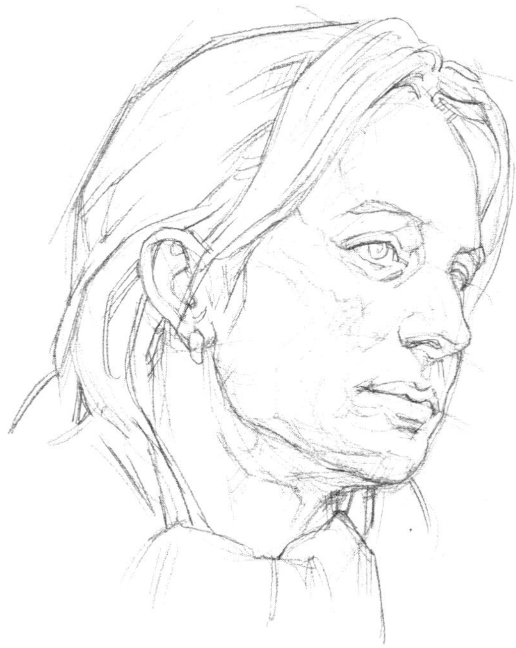

Fase 2

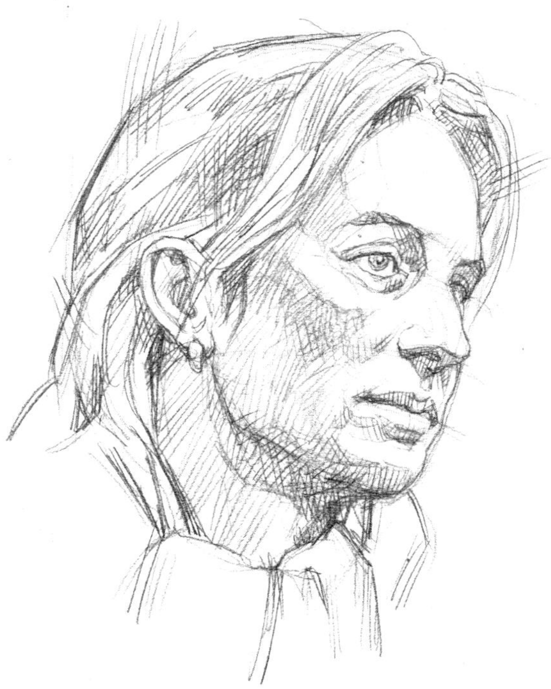

Fase 3

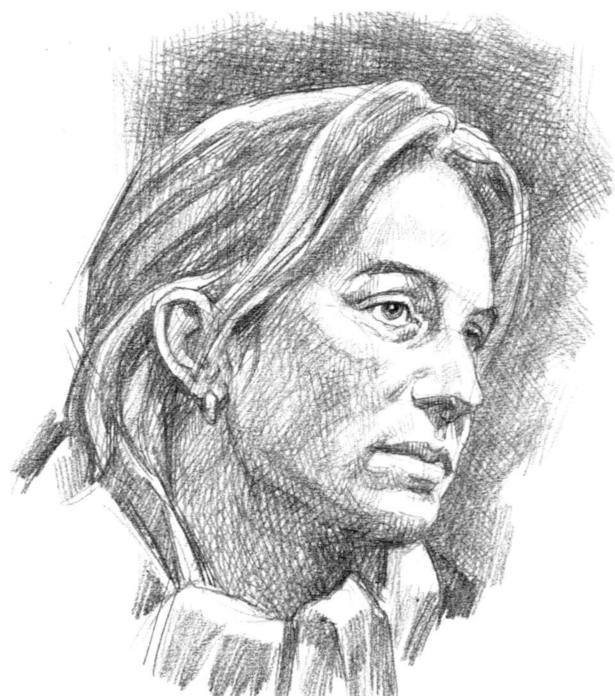

Fase 4

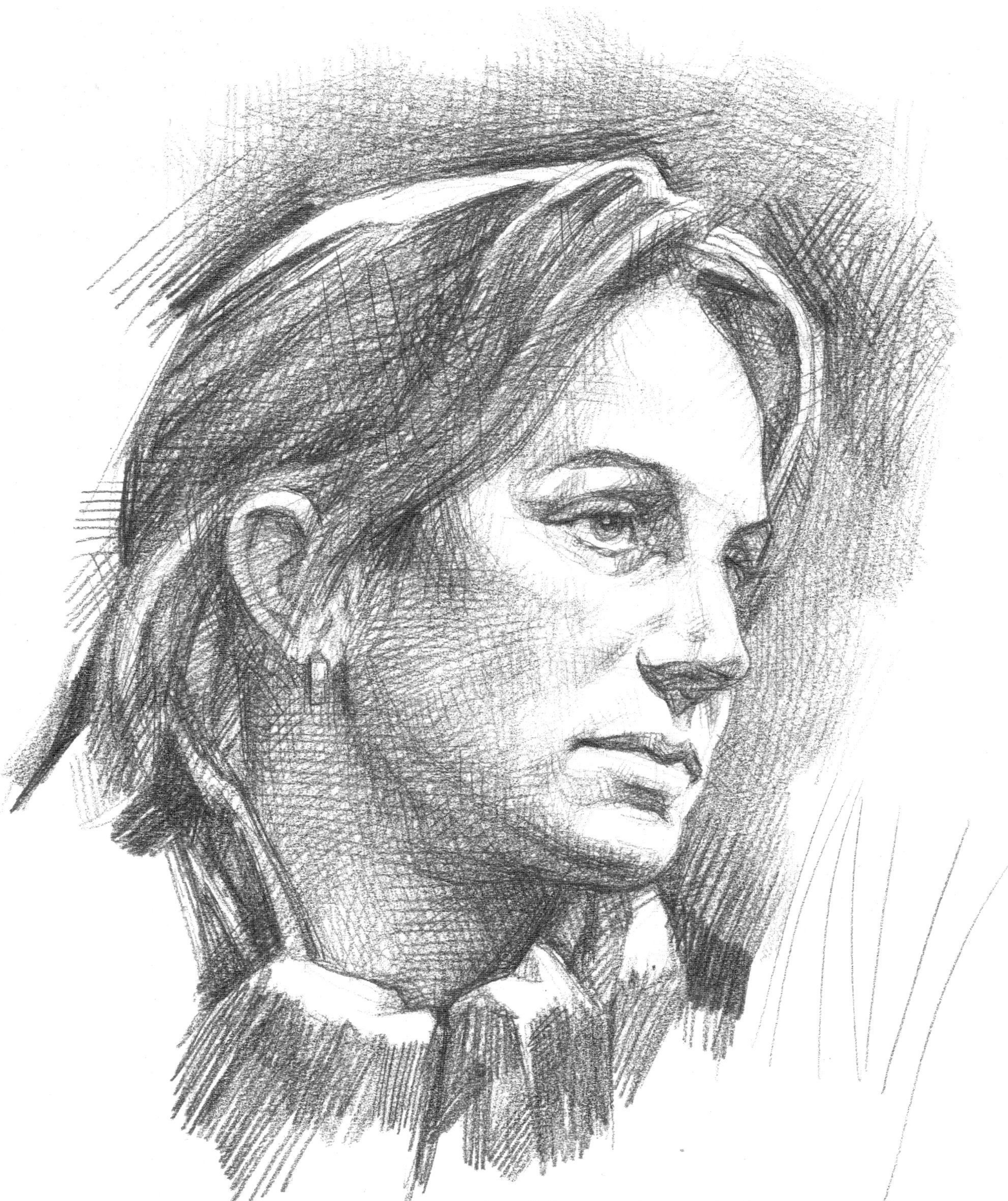

Fase 5 (y eventuales sucesivas)

Lápiz HB y B sobre papel, 21,5 x 30,5 cm.

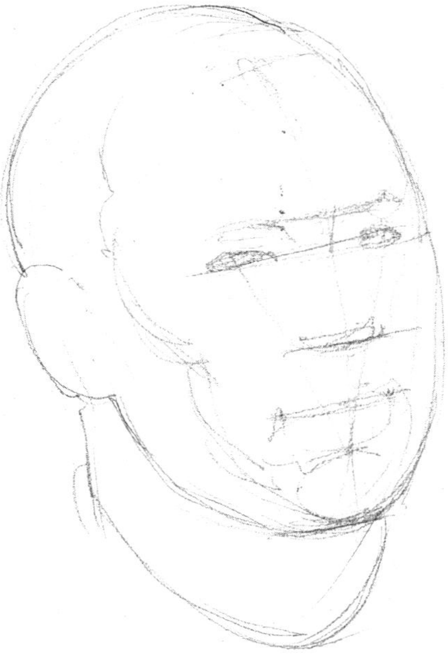

Fase 1

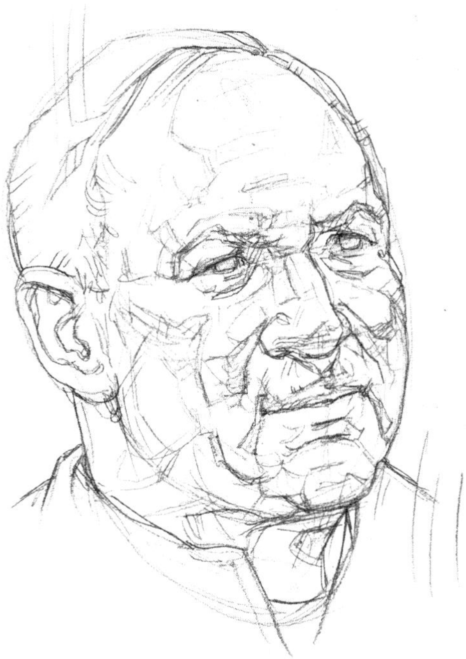

Fase 2

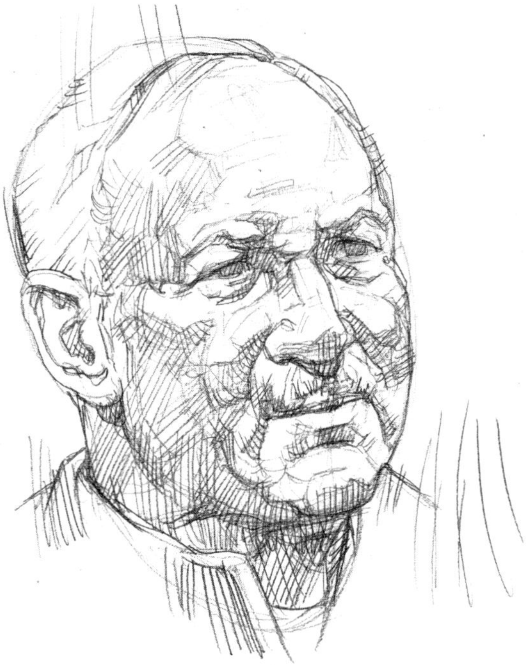

Fase 3

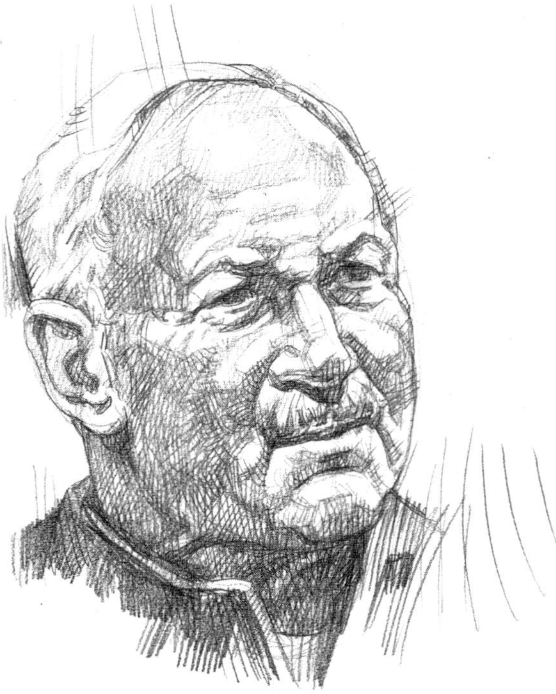

Fase 4

Fase 5

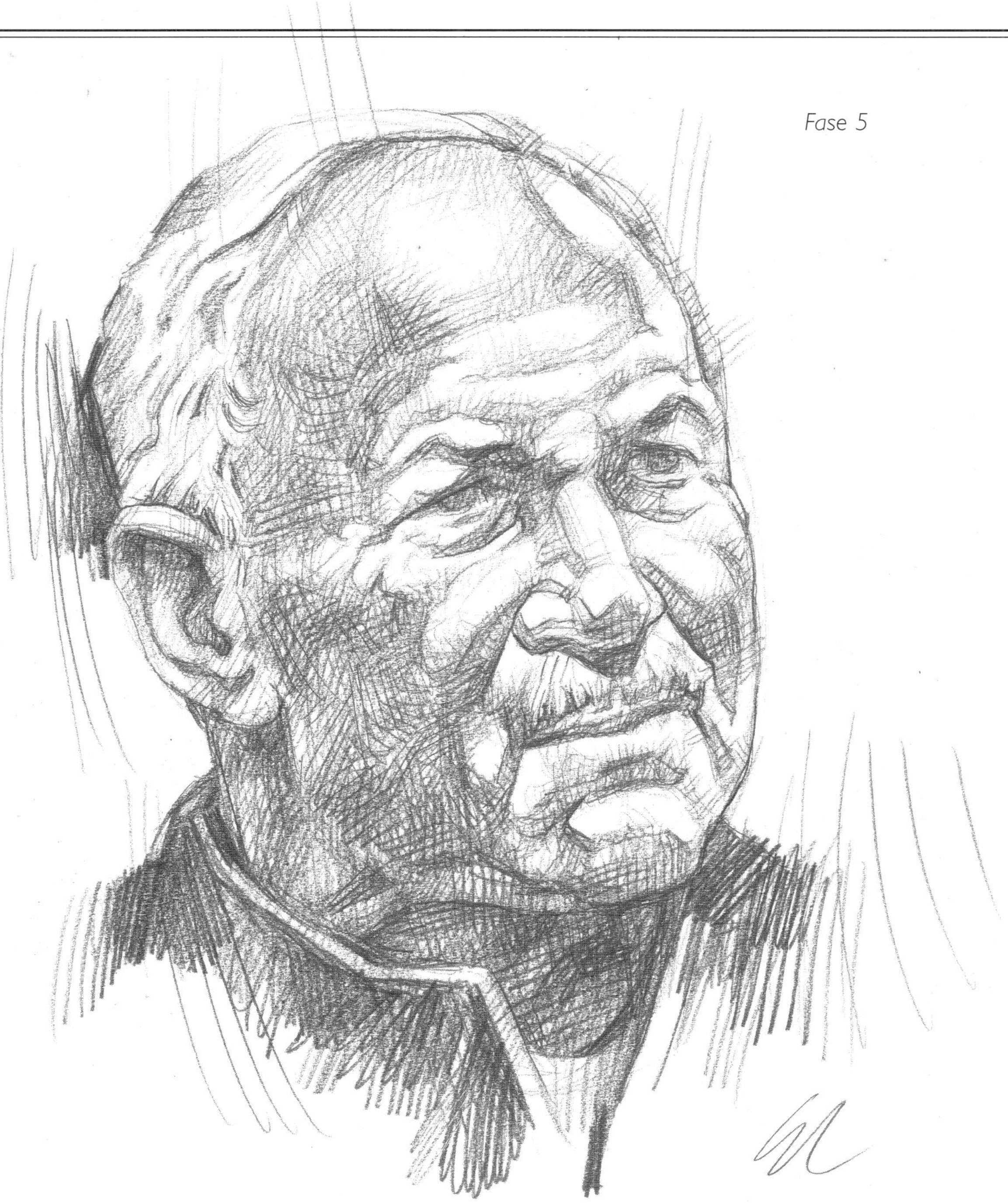

Lápiz HB y B sobre papel, 21 x 30 cm.

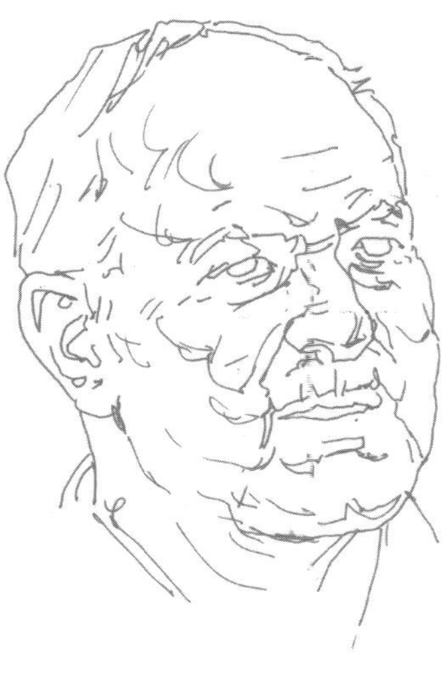

Esquema preliminar (pluma y tinta sobre papel)

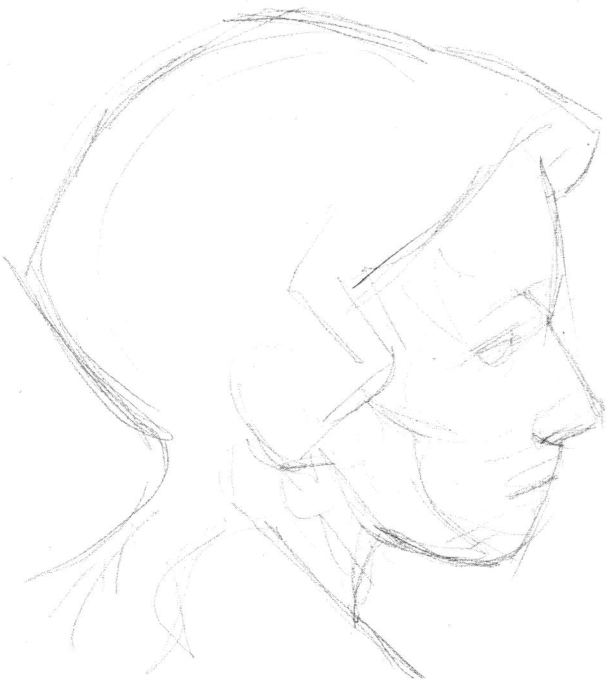

Fase 1

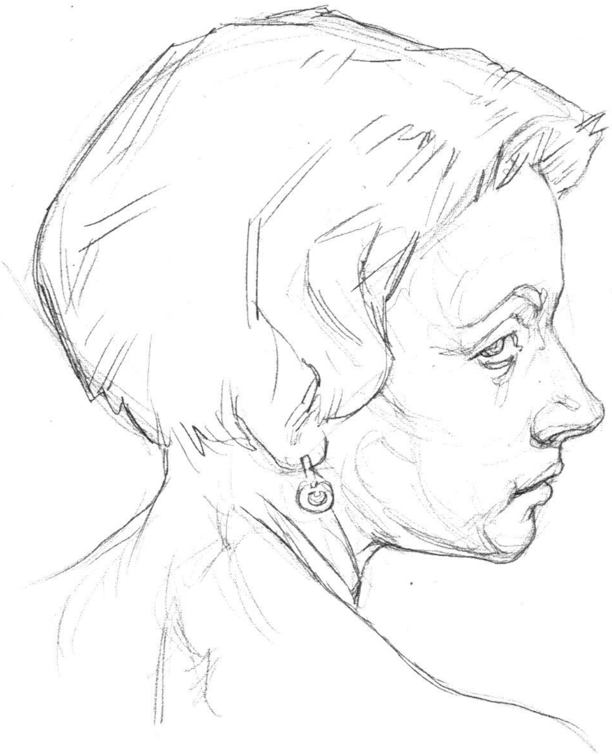

Fase 2

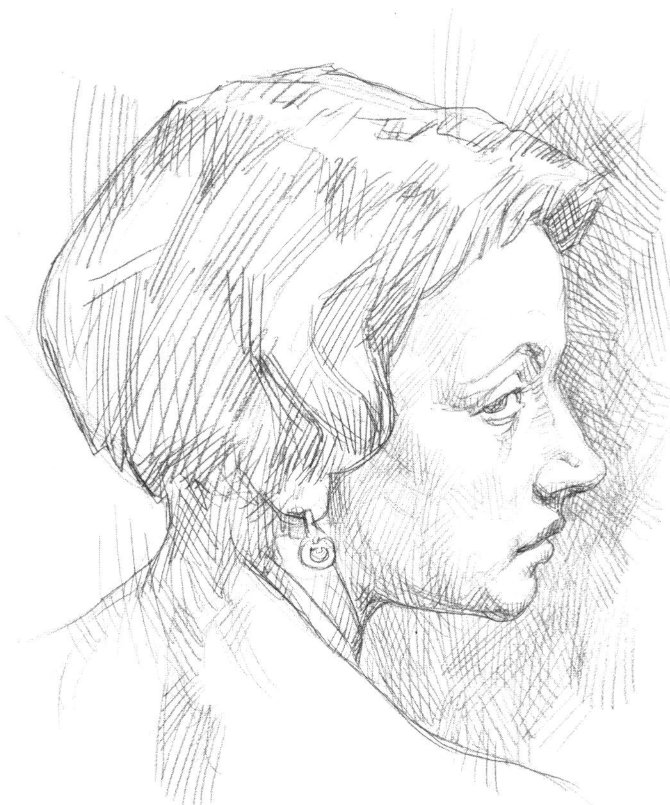

Fase 3

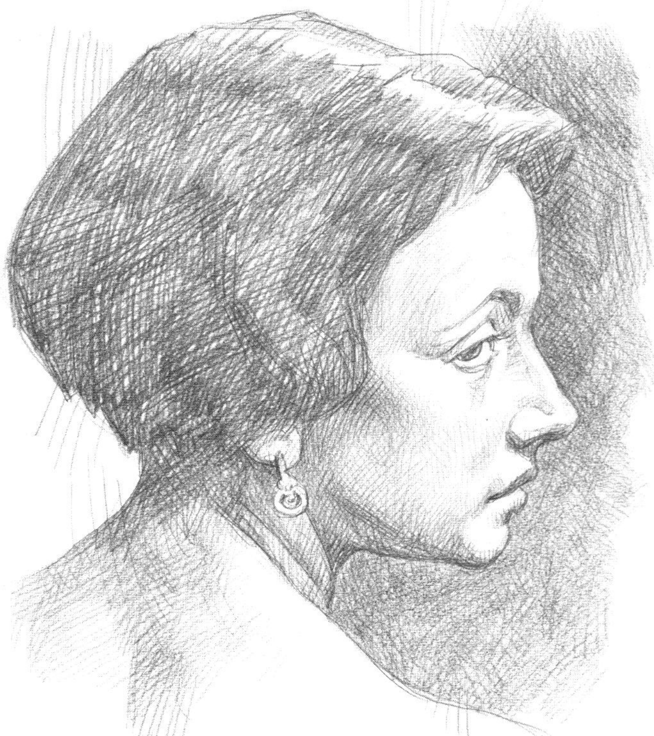

Fase 4

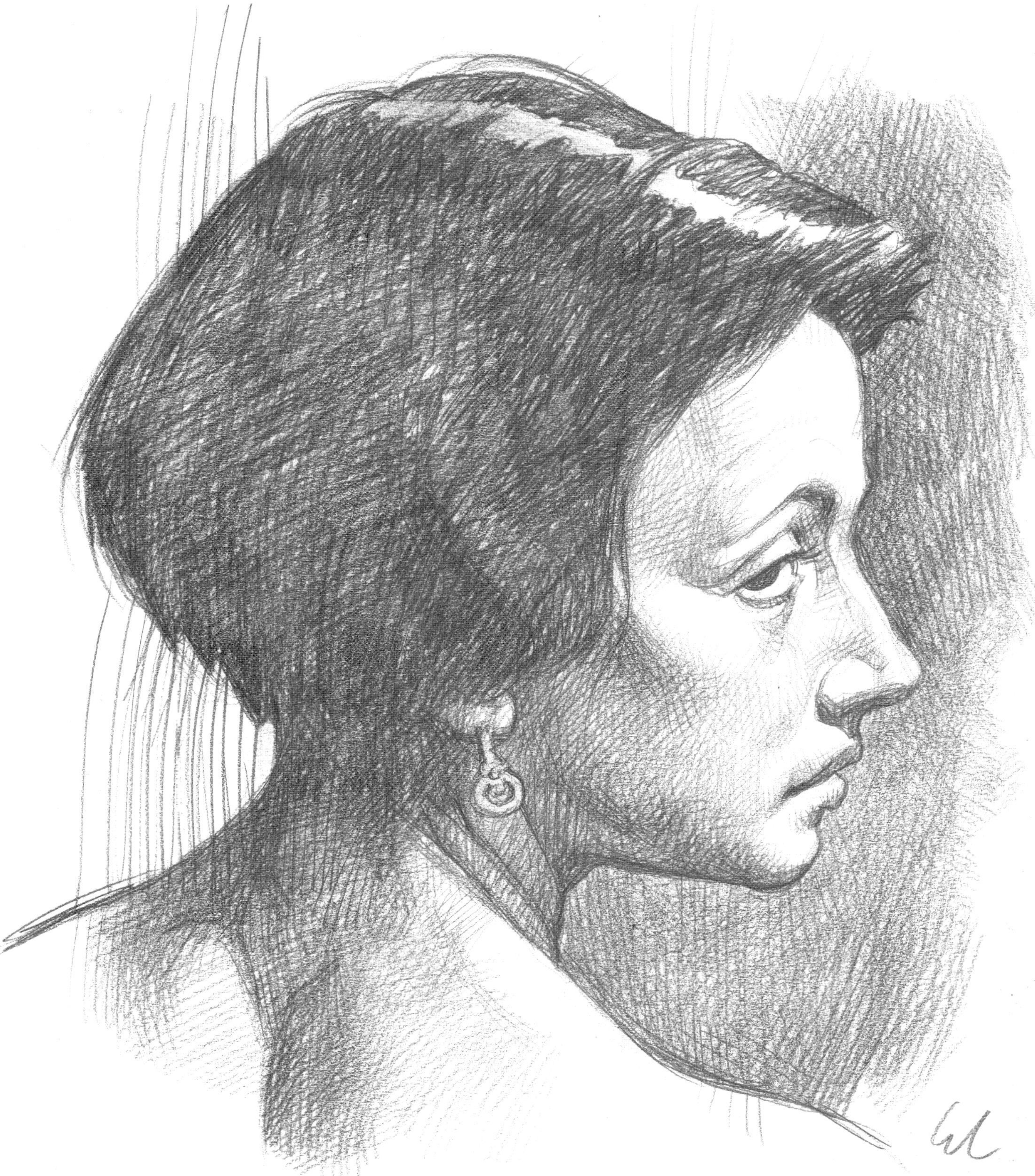

Fase 5

Lápiz HB sobre papel, 30 x 21 cm.

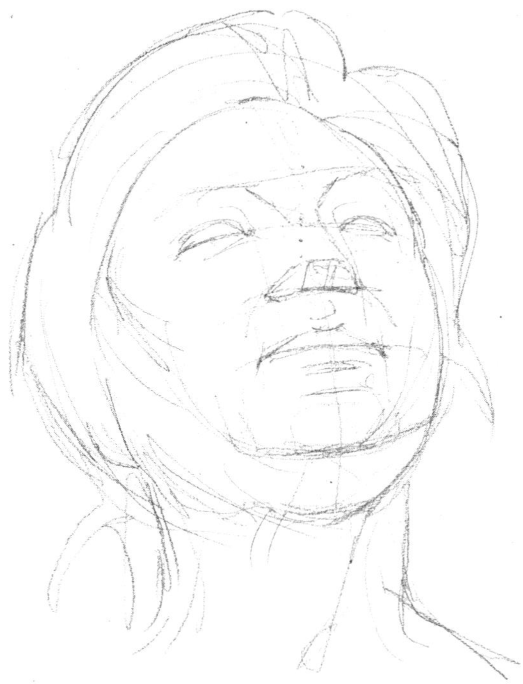

Fase 1

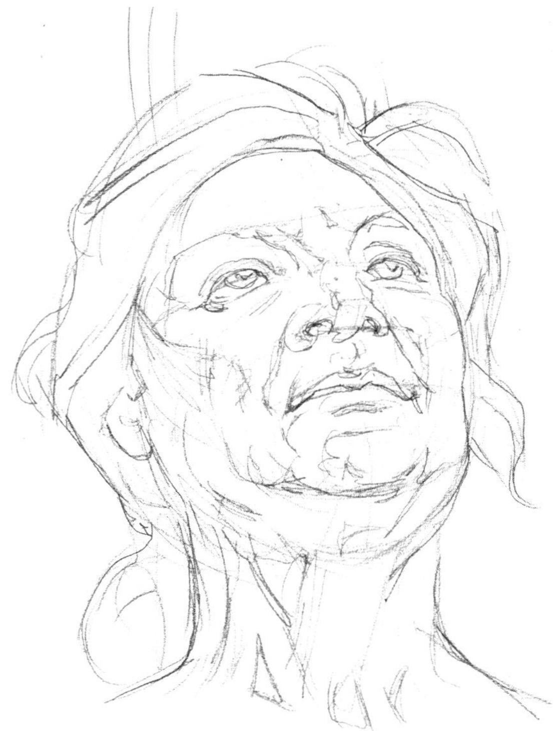

Fase 2

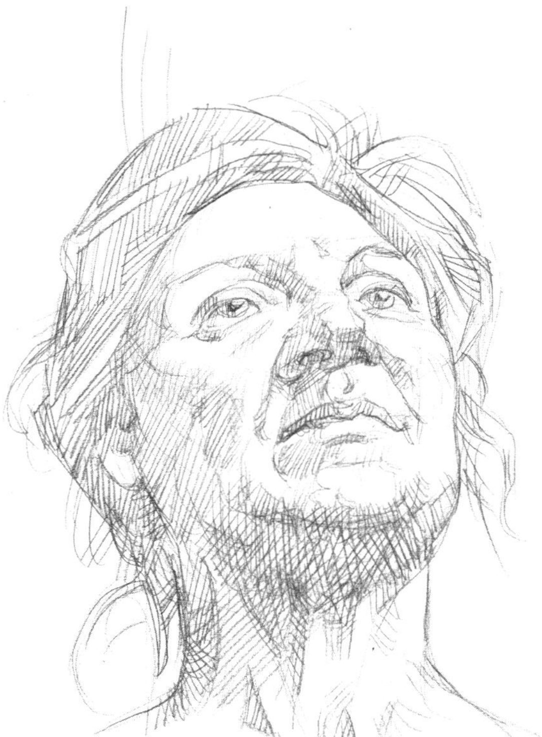

Fase 3

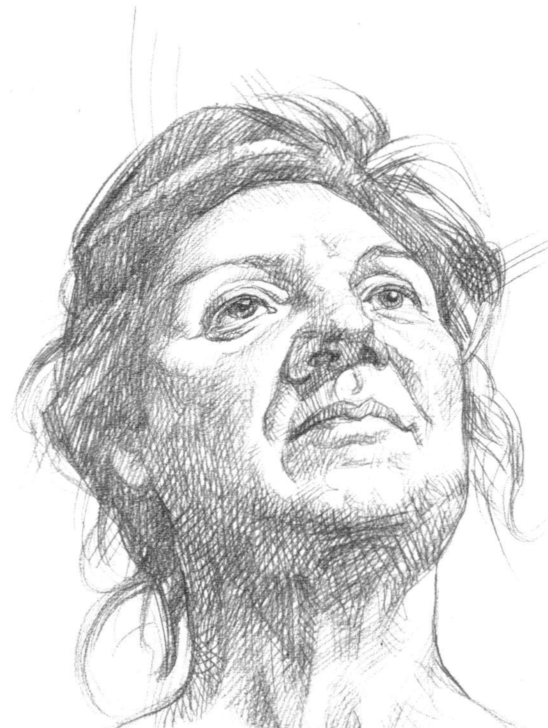

Fase 4

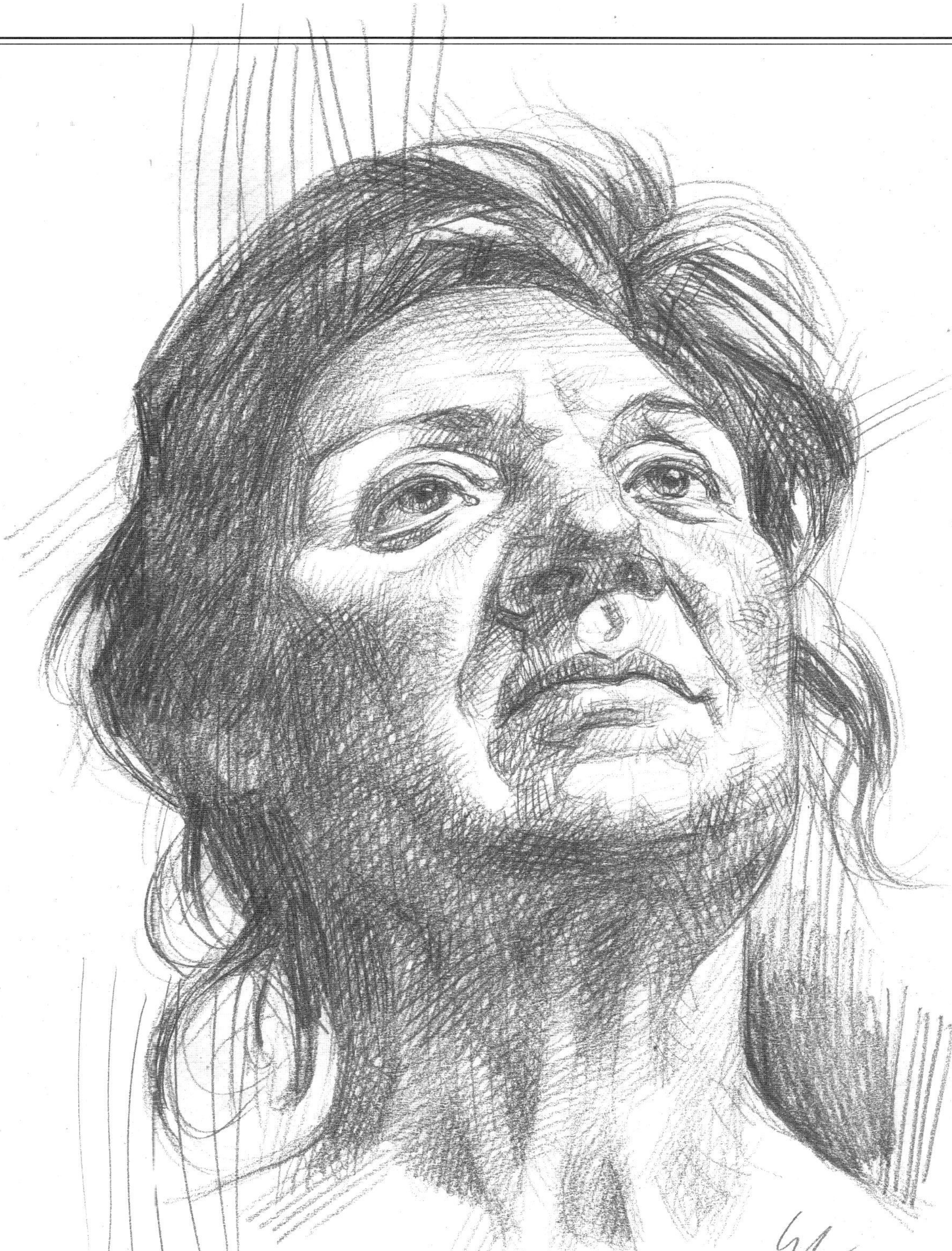

Fase 5

Lápiz HB y B sobre papel, 21 x 30 cm.

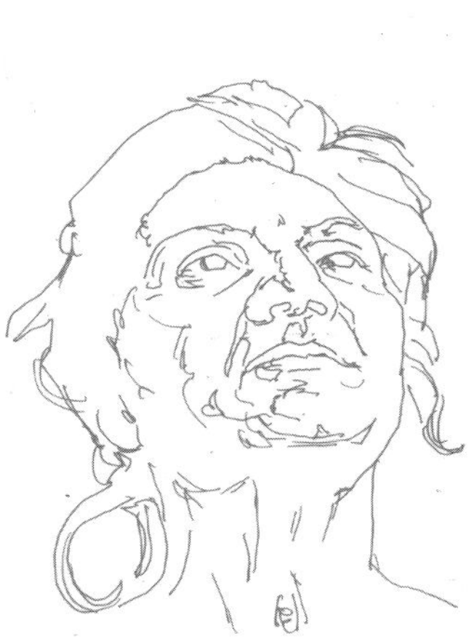

Esquema lineal a pluma y tinta.

5 Ejemplos de procedimiento: acuarela

Al pintar a la acuarela los colores deben aplicarse en capas ("veladuras" sucesivas, superpuestas de manera que puedan disfrutar sus efectos de transparencia, y pasando de los tonos más claros a los progresivamente más oscuros. El dibujo inicial (Fase 1) debe ser muy sintético y trazado con la máxima ligereza, a fin de que no aflore a través de los colores.

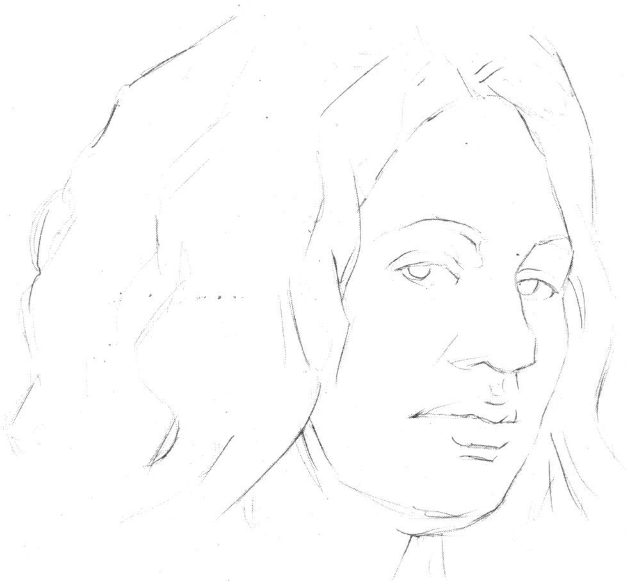

Fase 1

Fase 2

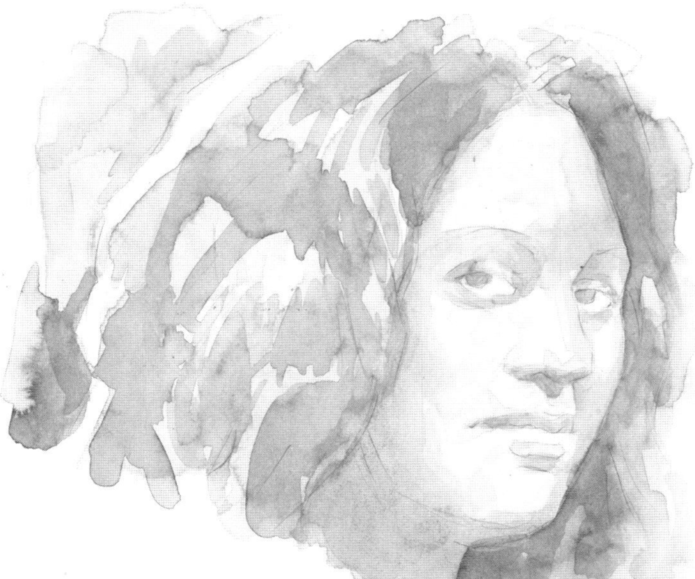

Fase 3

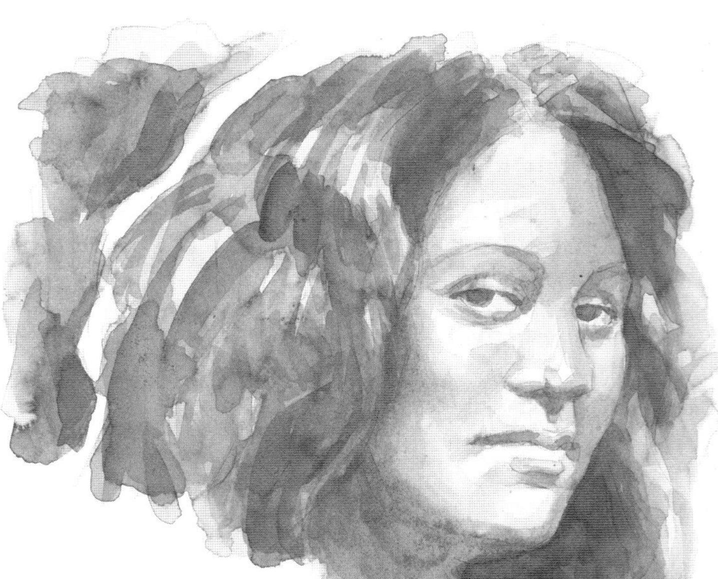

Fase 4

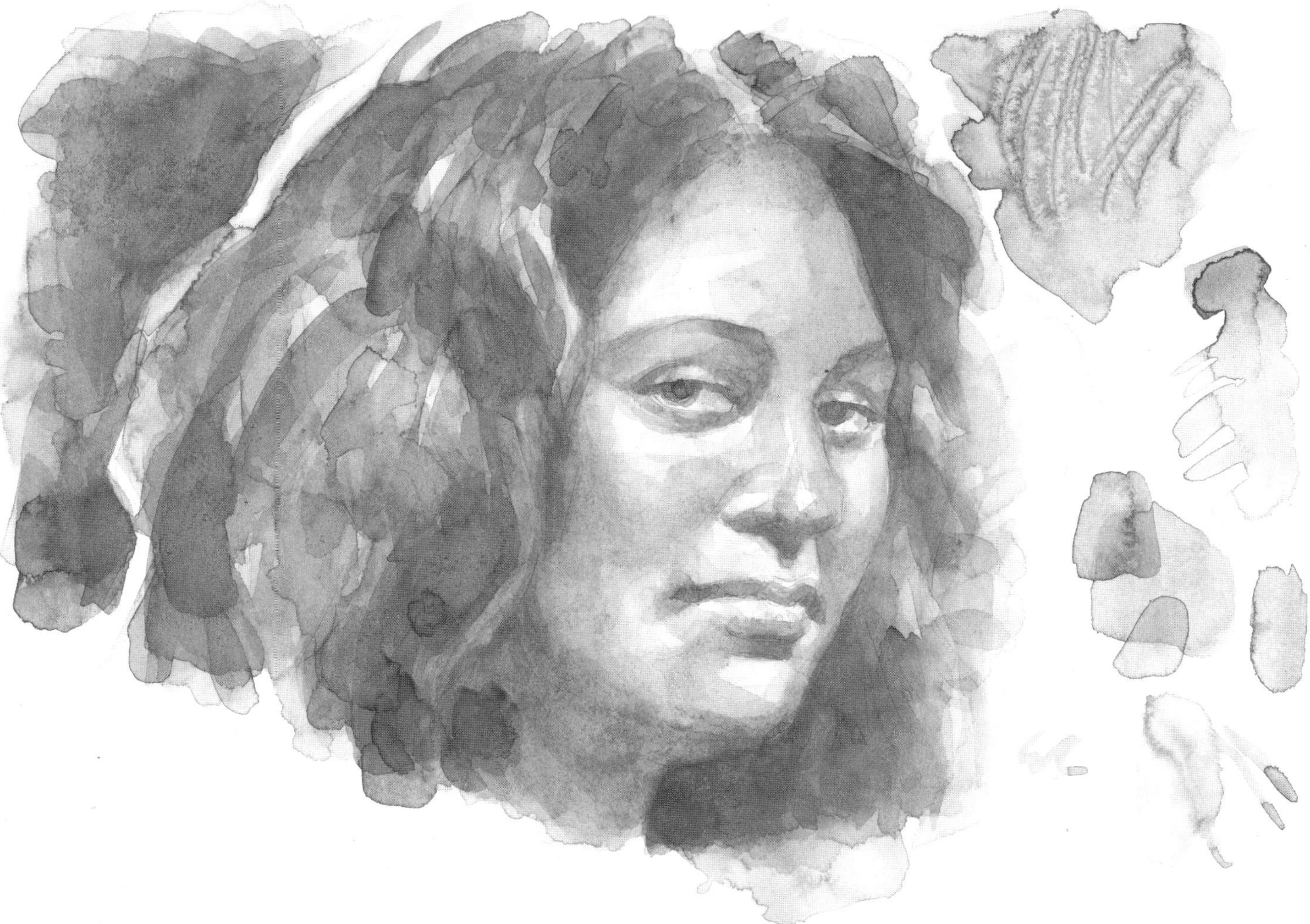

Fase 5

Acuarela monocroma (sepia) sobre papel, 30,5 x 21,5 cm.

No conviene ni borrar ni recargar los trazos del dibujo inicial, porque el papel puede dañarse y crear trastornos en las aplicaciones de los colores. Se puede, pues, elaborar el dibujo sobre el papel de calco, transparente, y después volver a calcarlo, solo con los contornos esenciales, sobre el soporte definitivo.

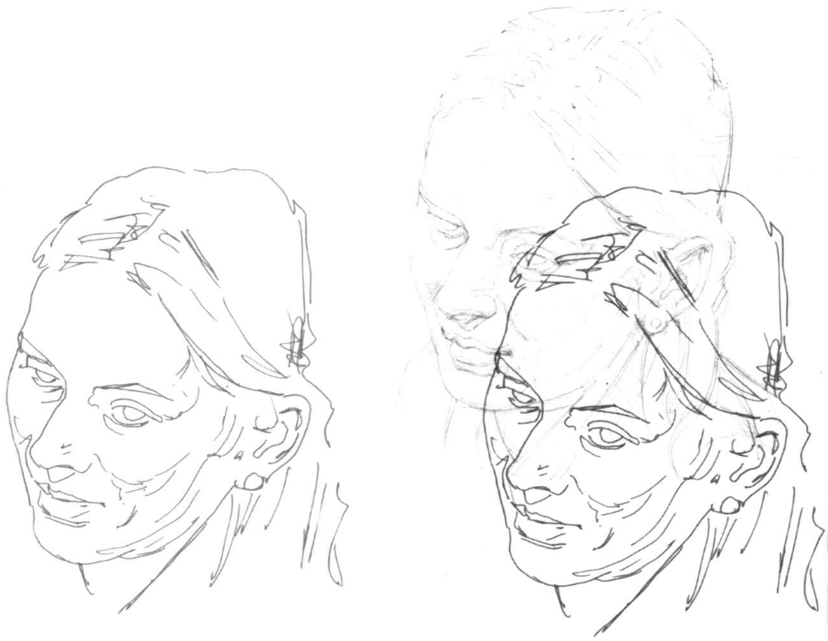

Dibujo calcado y su aplicación en la Fase 1.

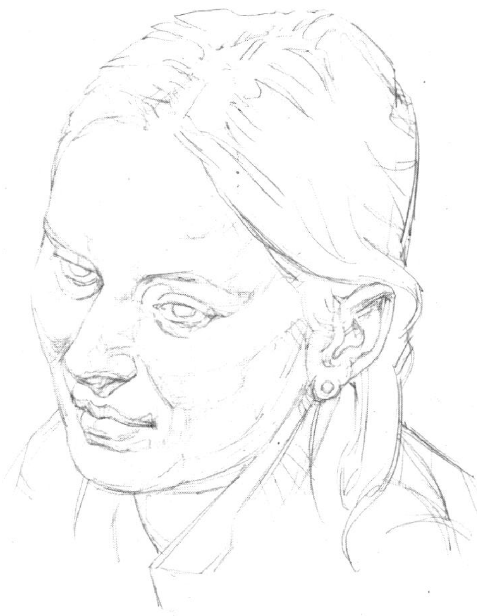

Fase 1

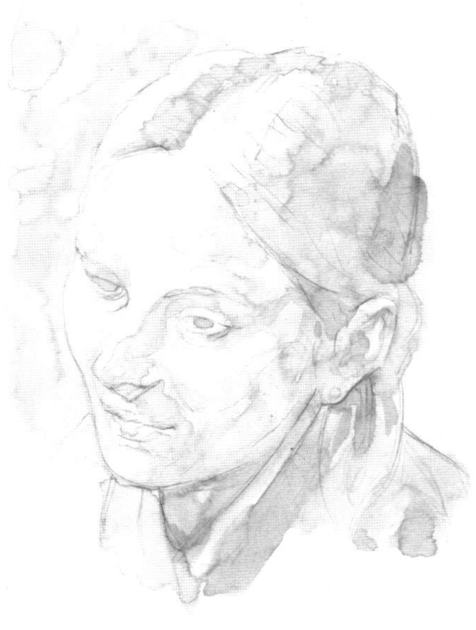

Fase 2

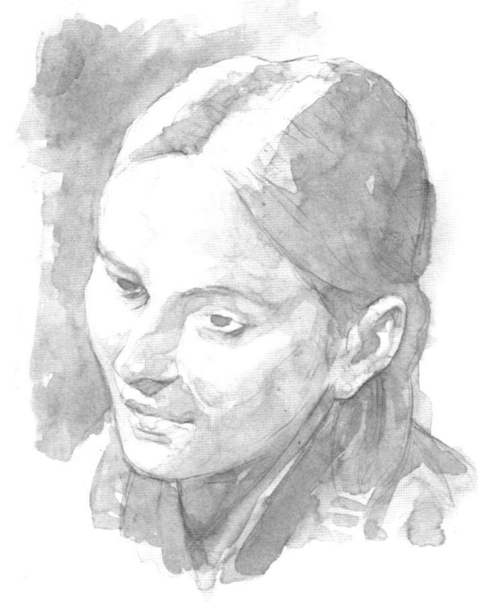

Fase 3

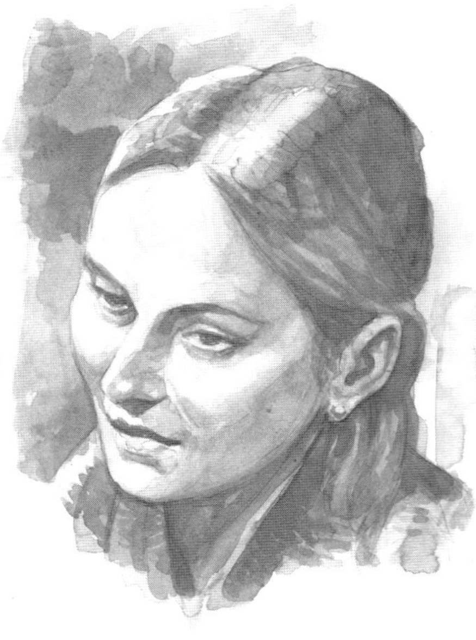

Fase 4

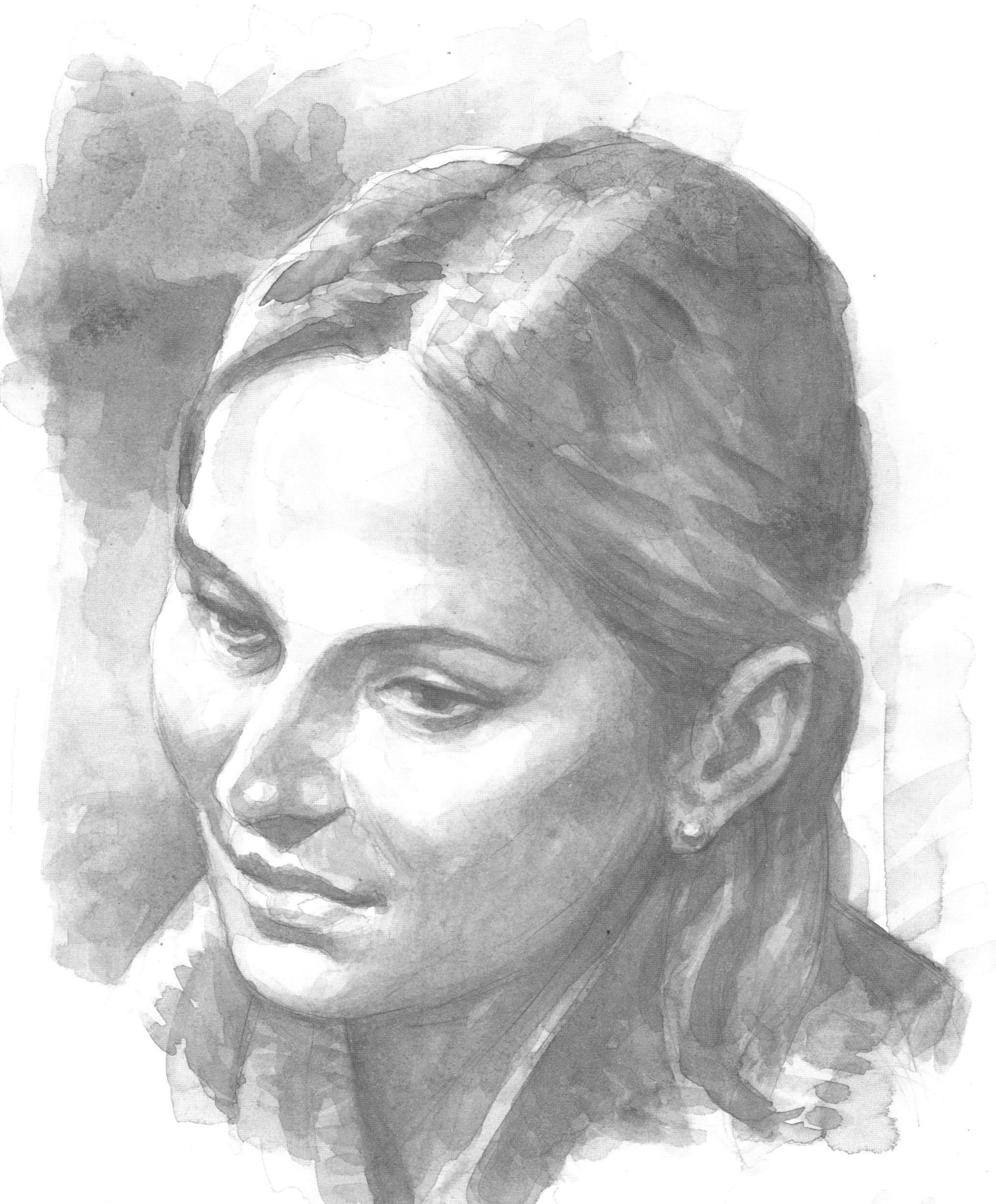

Fase 5

Acuarela monocroma (Tierra de Siena natural) sobre papel, 21 x 30 cm.

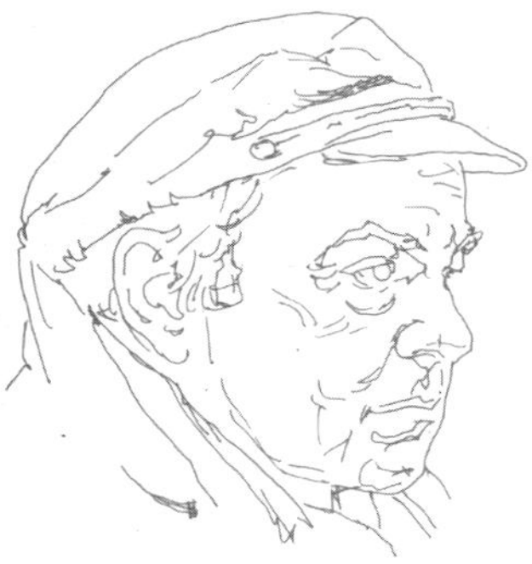

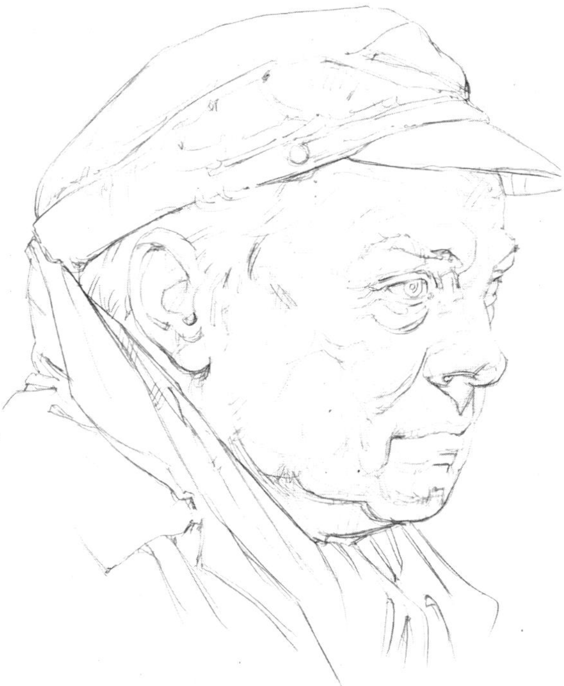

Fase 1

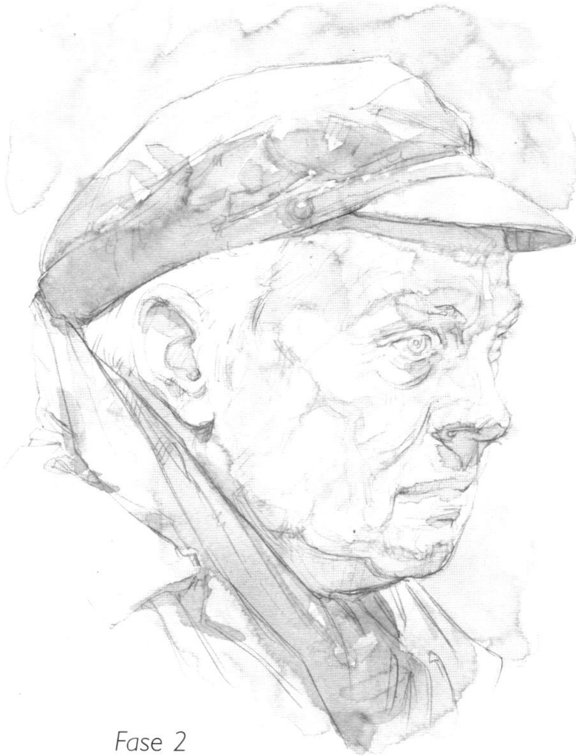

Fase 2

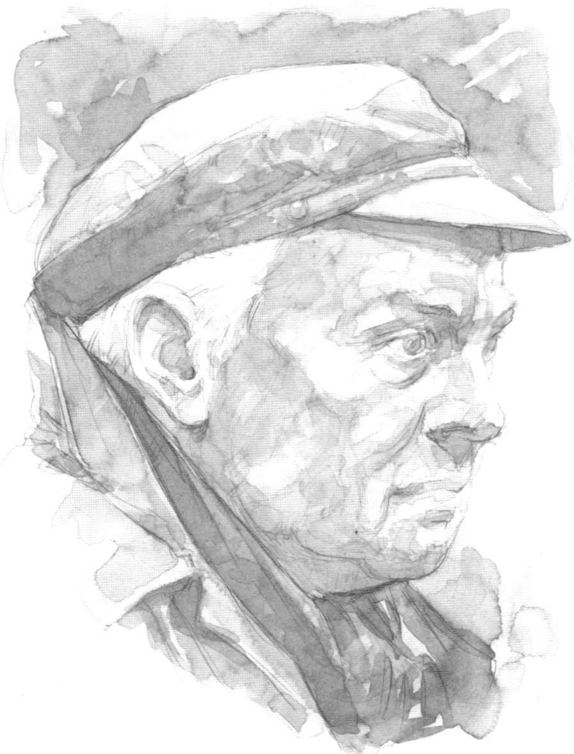

Fase 3

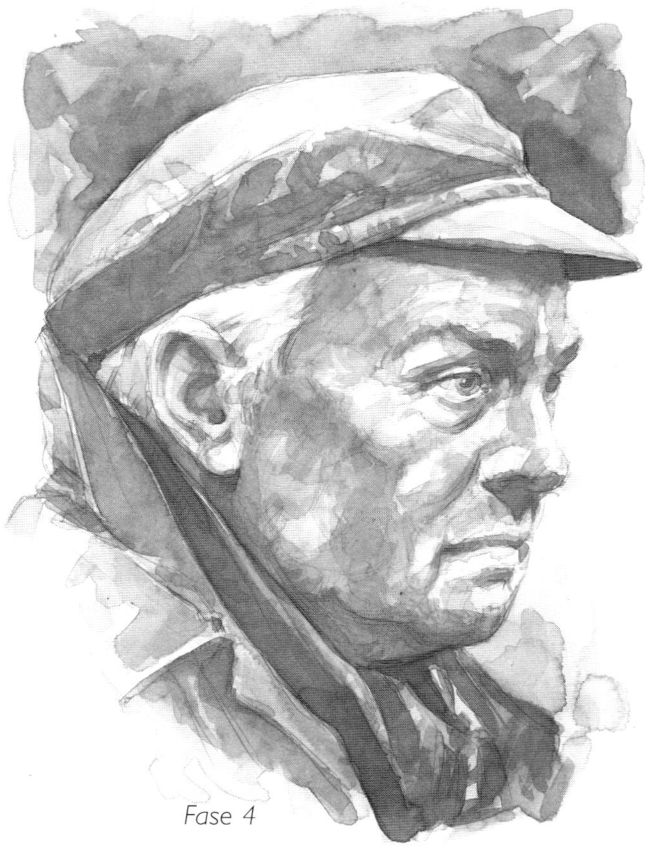

Fase 4

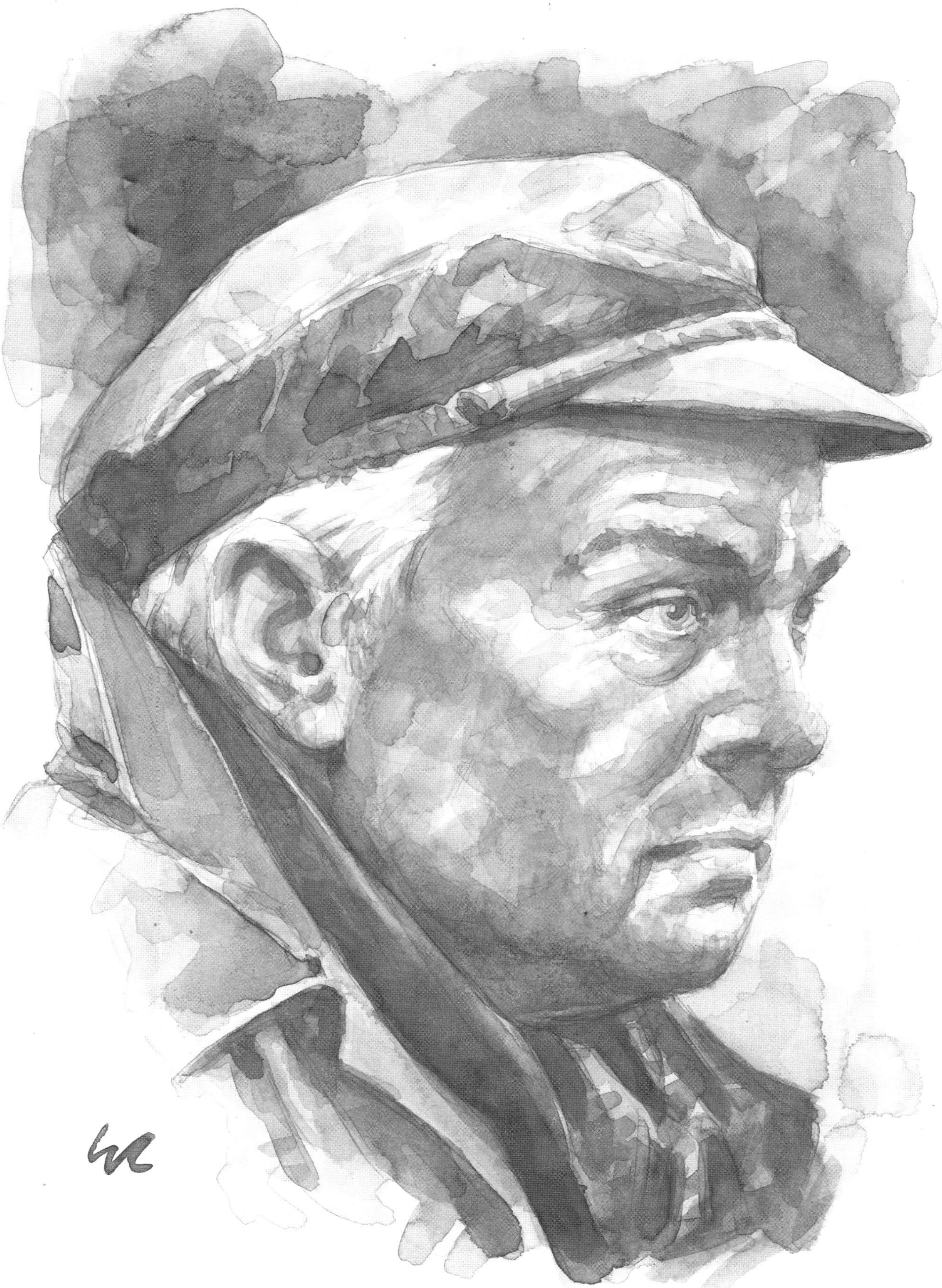

Fase 5

Acuarela monocroma (Tierra de sombra natural) sobre papel, 21 x 30 cm.

6 Ejemplos de procedimiento: témpera

Las pinturas de témpera (véase pág. 13) son cubrientes, sobre todo si se aplican con densidad bastante consistente. Por eso, el dibujo inicial puede trazarse, incluso de modo vigoroso, sobre el soporte definitivo y la aplicación de los colores puede proceder indiferentemente de los tonos oscuros a los claros o viceversa.

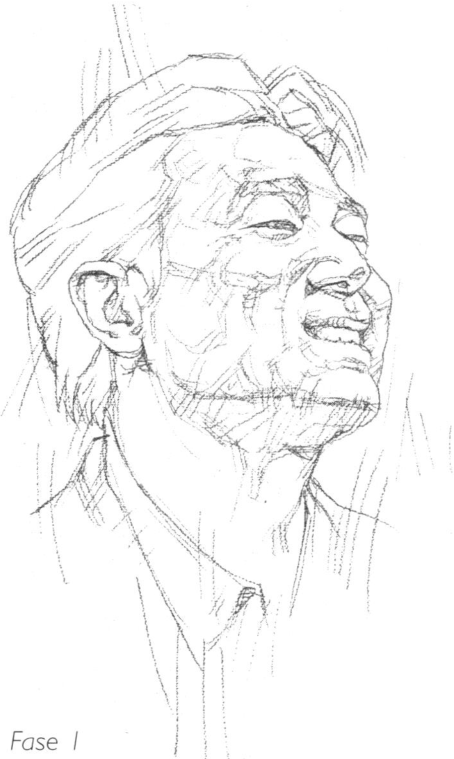

Fase 1

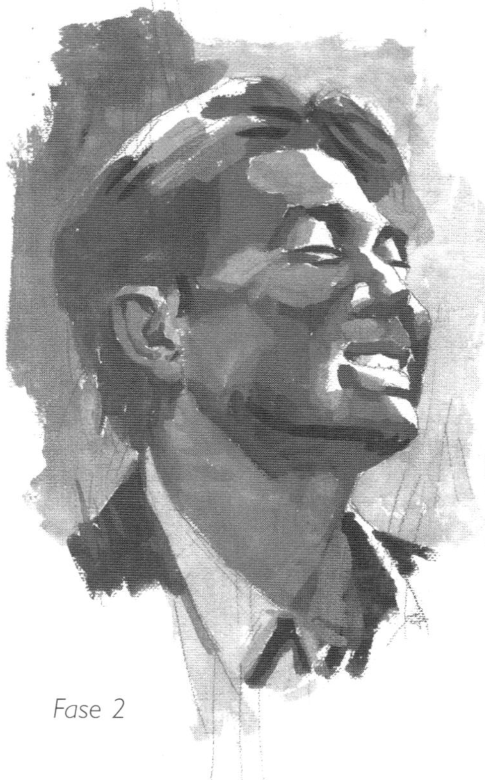

Fase 2

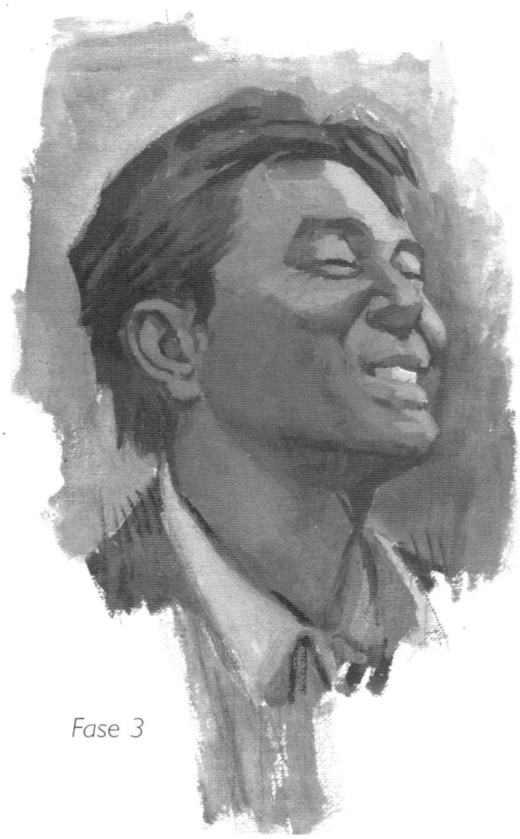

Fase 3

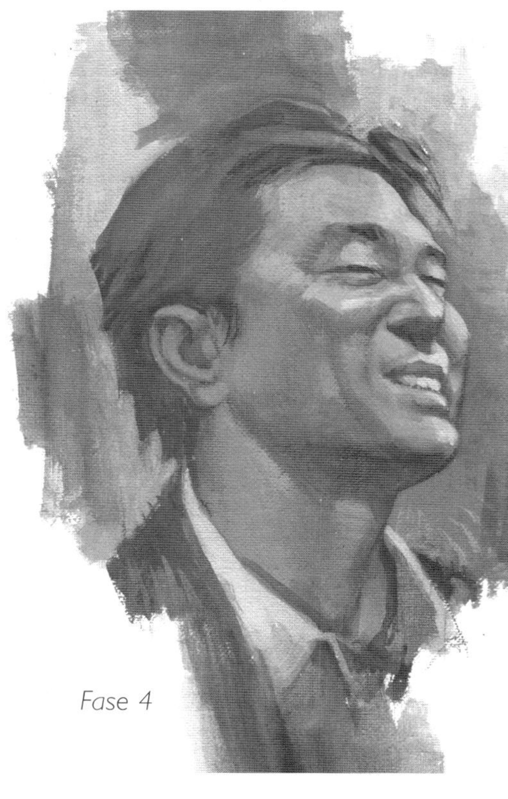

Fase 4

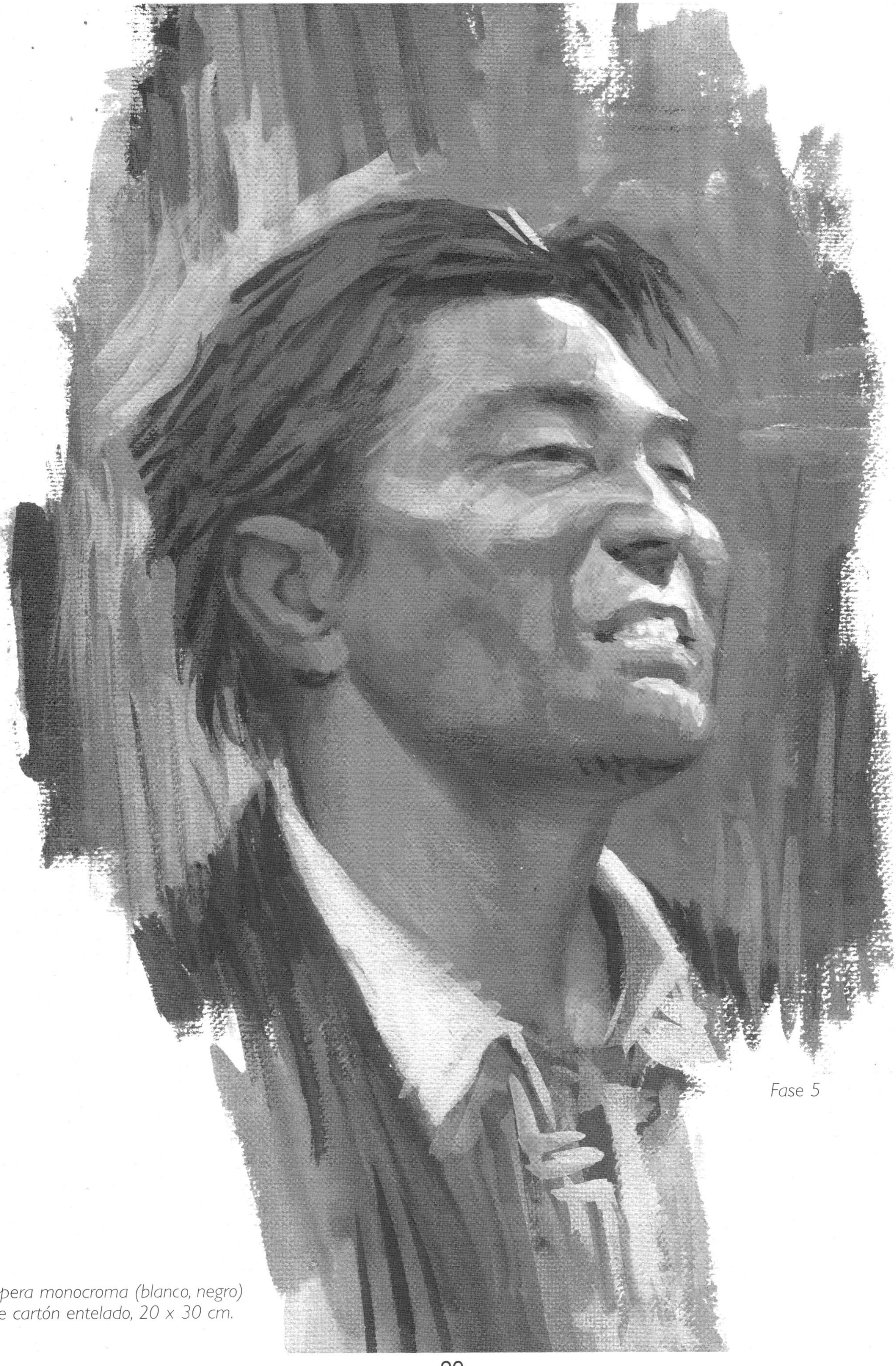

Fase 5

Témpera monocroma (blanco, negro) sobre cartón entelado, 20 x 30 cm.

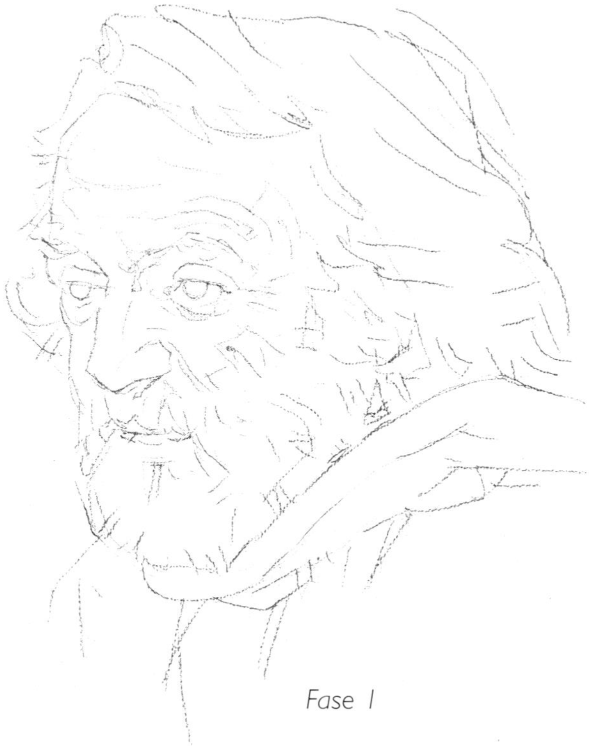

Fase 1

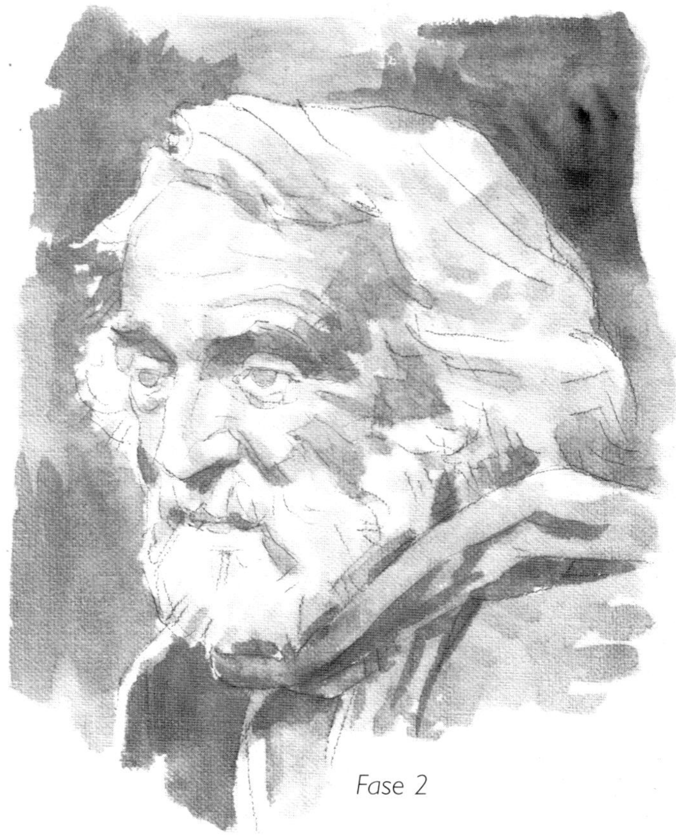

Fase 2

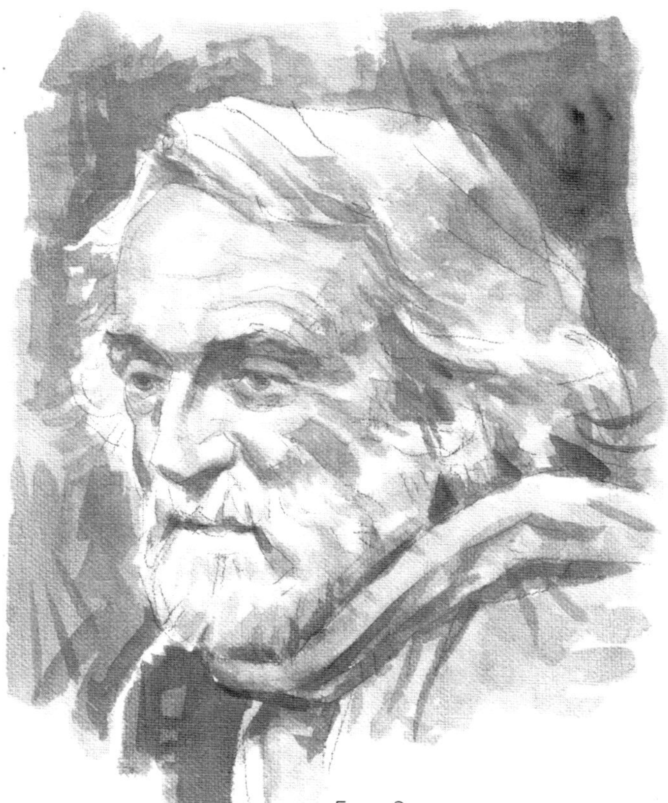

Fase 3

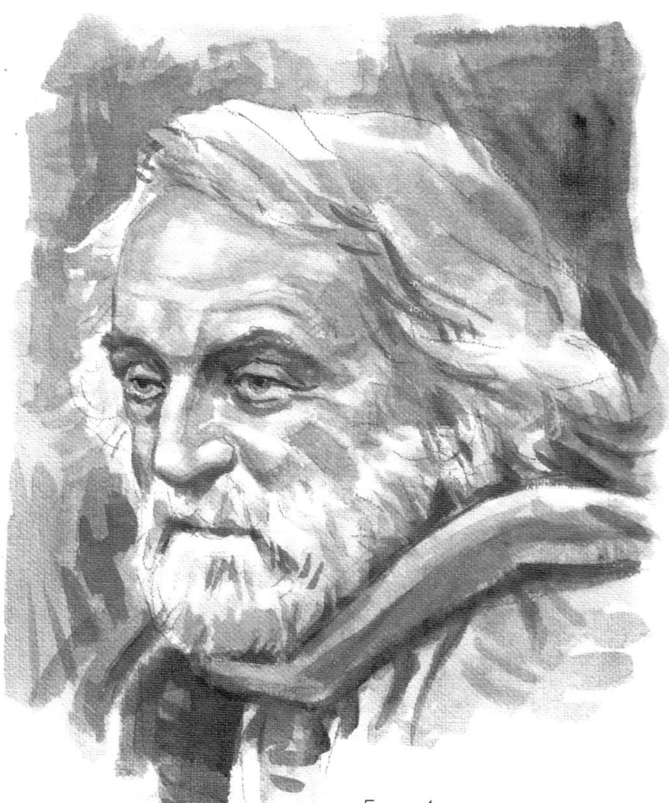

Fase 4

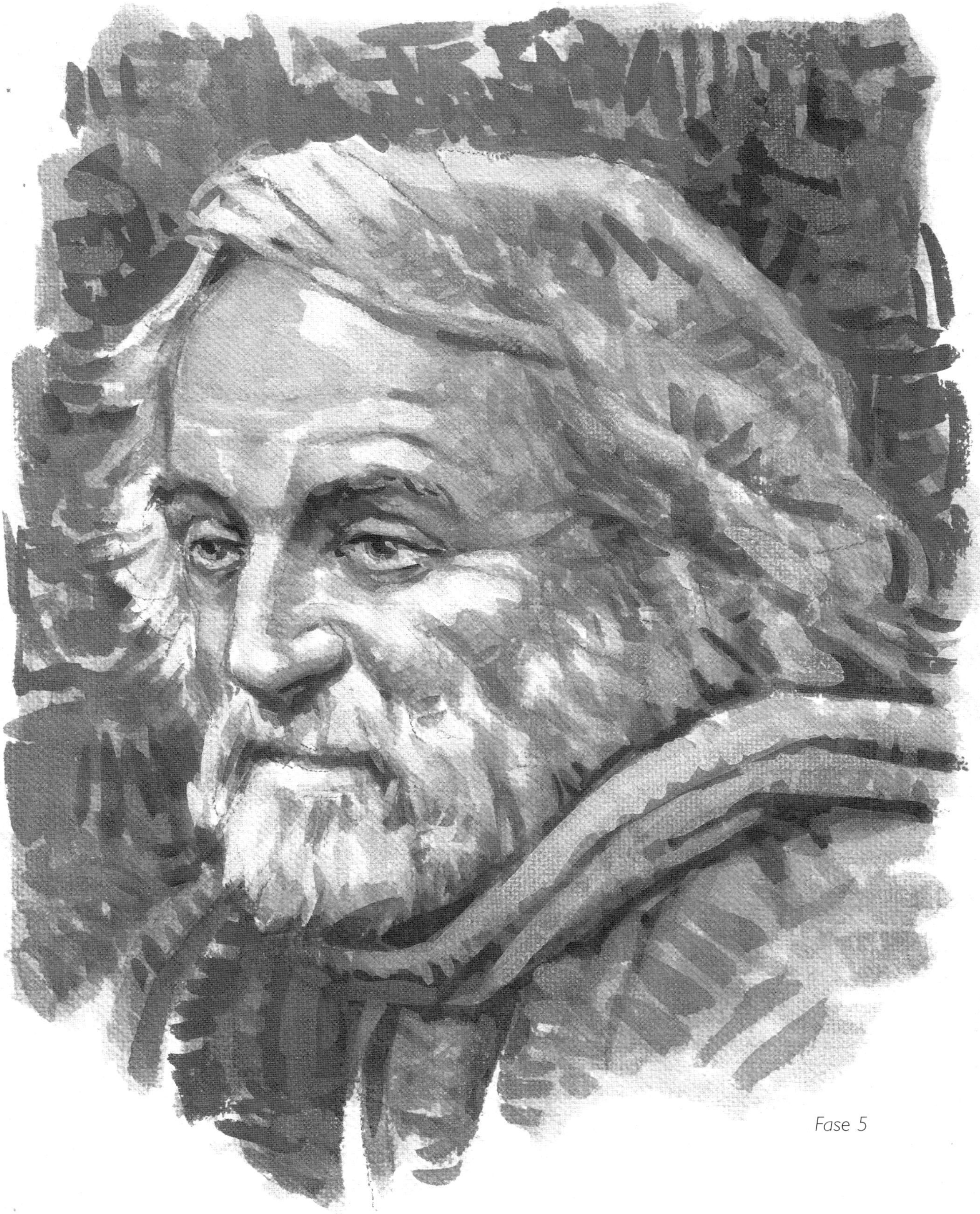

Fase 5

Témpera monocroma (blanco, negro) sobre cartón entelado, 20 x 30 cm. En este dibujo empleé la témpera muy diluida con agua, obteniendo efectos parecidos a los de la acuarela. Únicamente en algunos puntos (por ejemplo, sobre la bufanda, sobre los cabellos, en los ojos) utilicé la pintura un poco más densa.

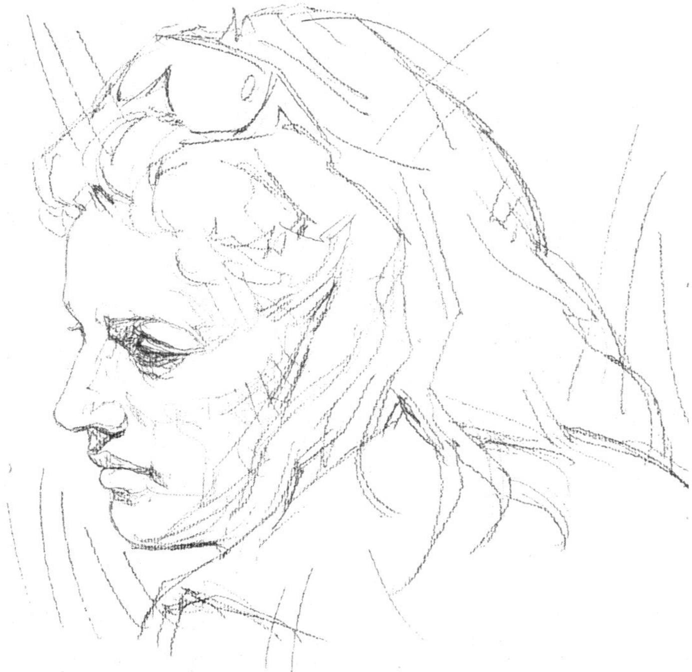

Fase 1

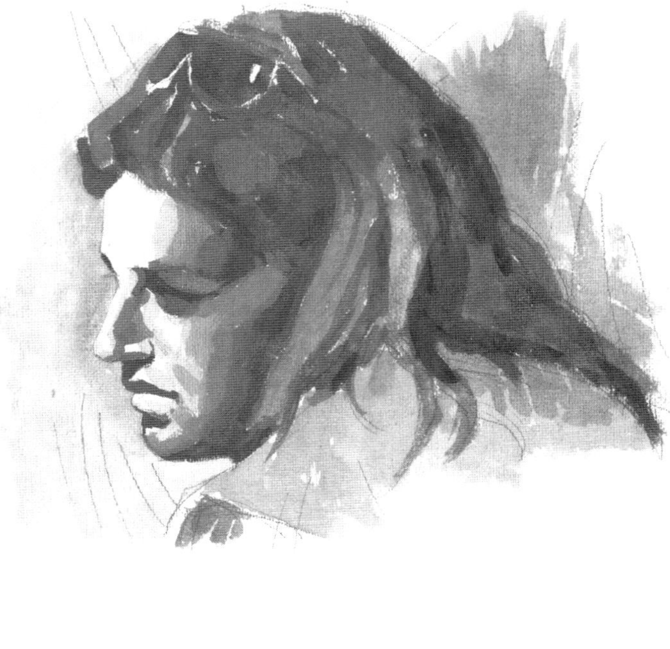

Fase 2

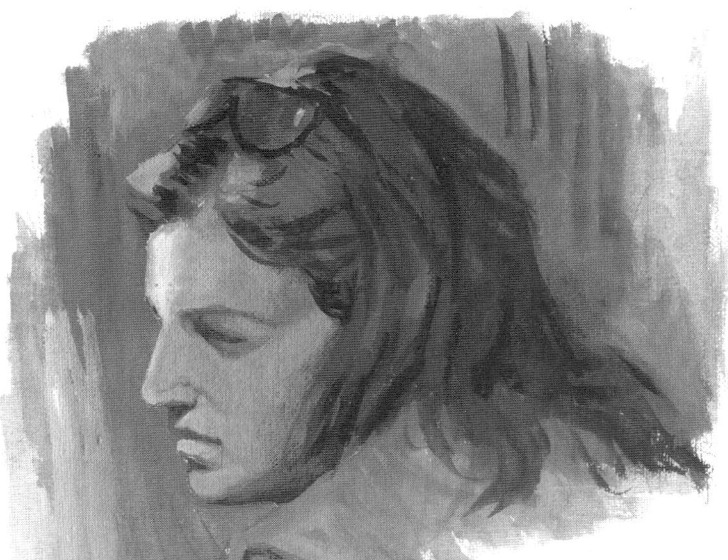

Fase 3

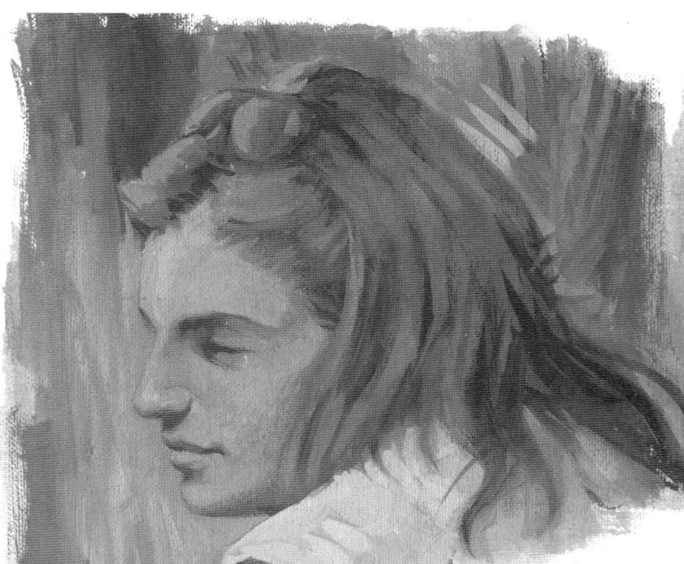

Fase 4

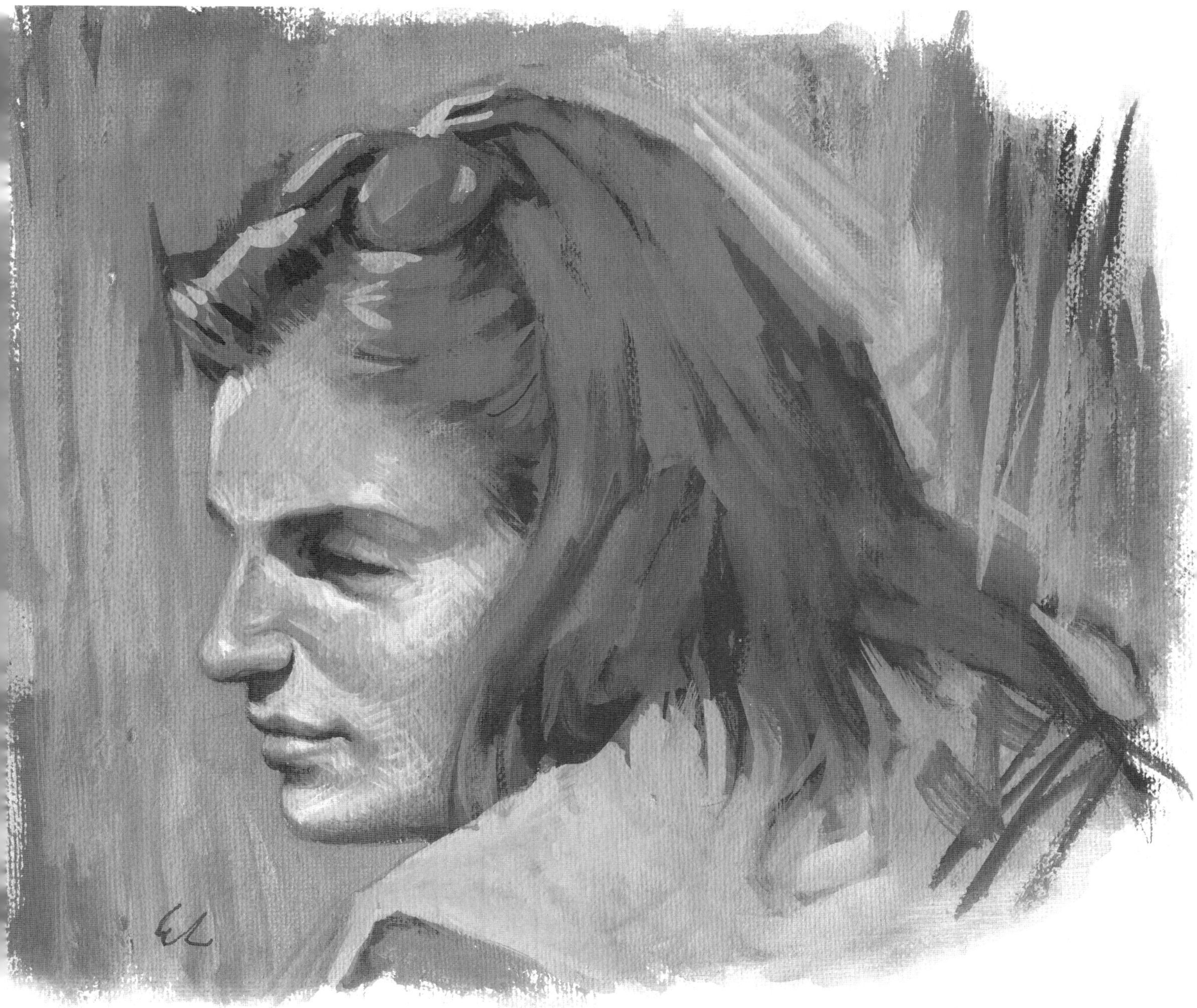

Fase 5

Témpera monocroma (blanco, negro) sobre cartón entelado, 30 x 20 cm.

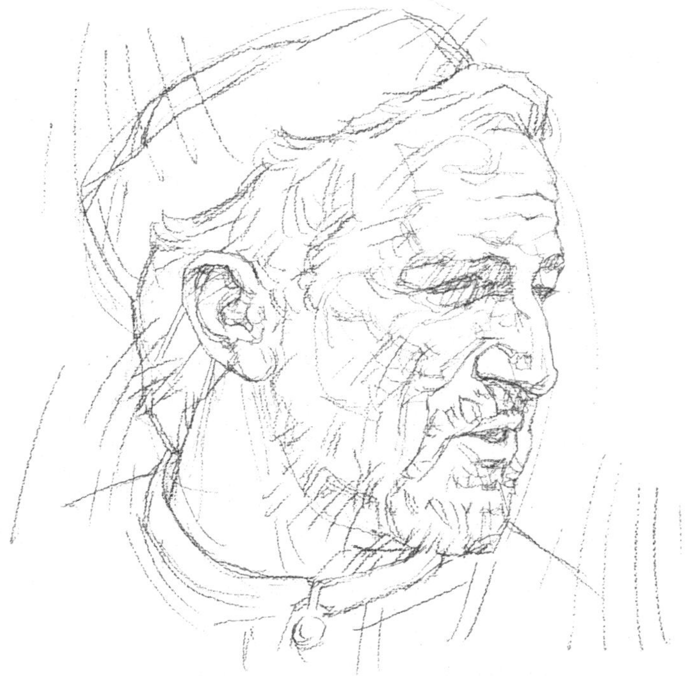

Fase 1

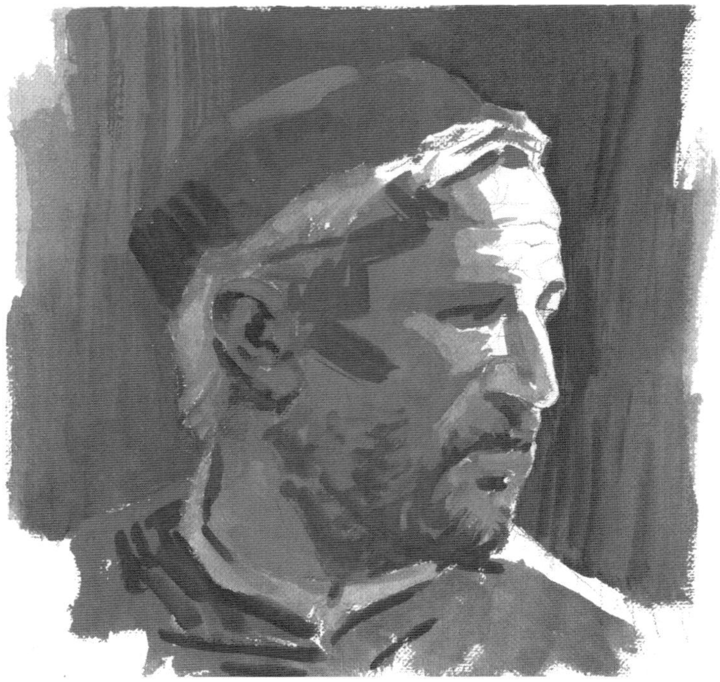

Fase 2

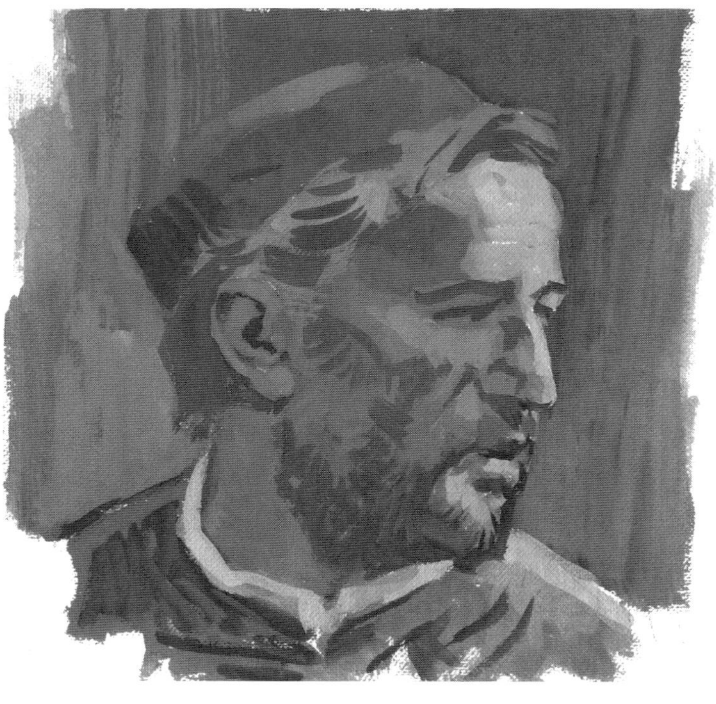

Fase 3

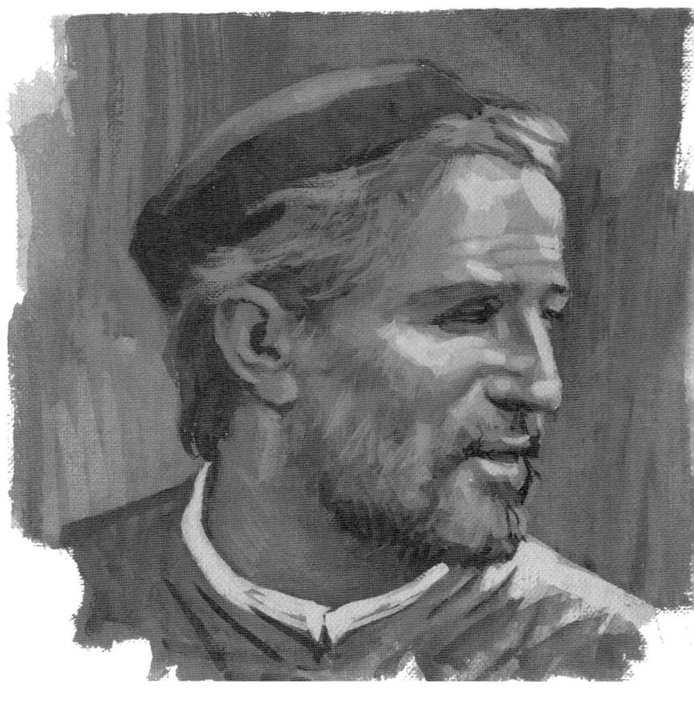

Fase 4

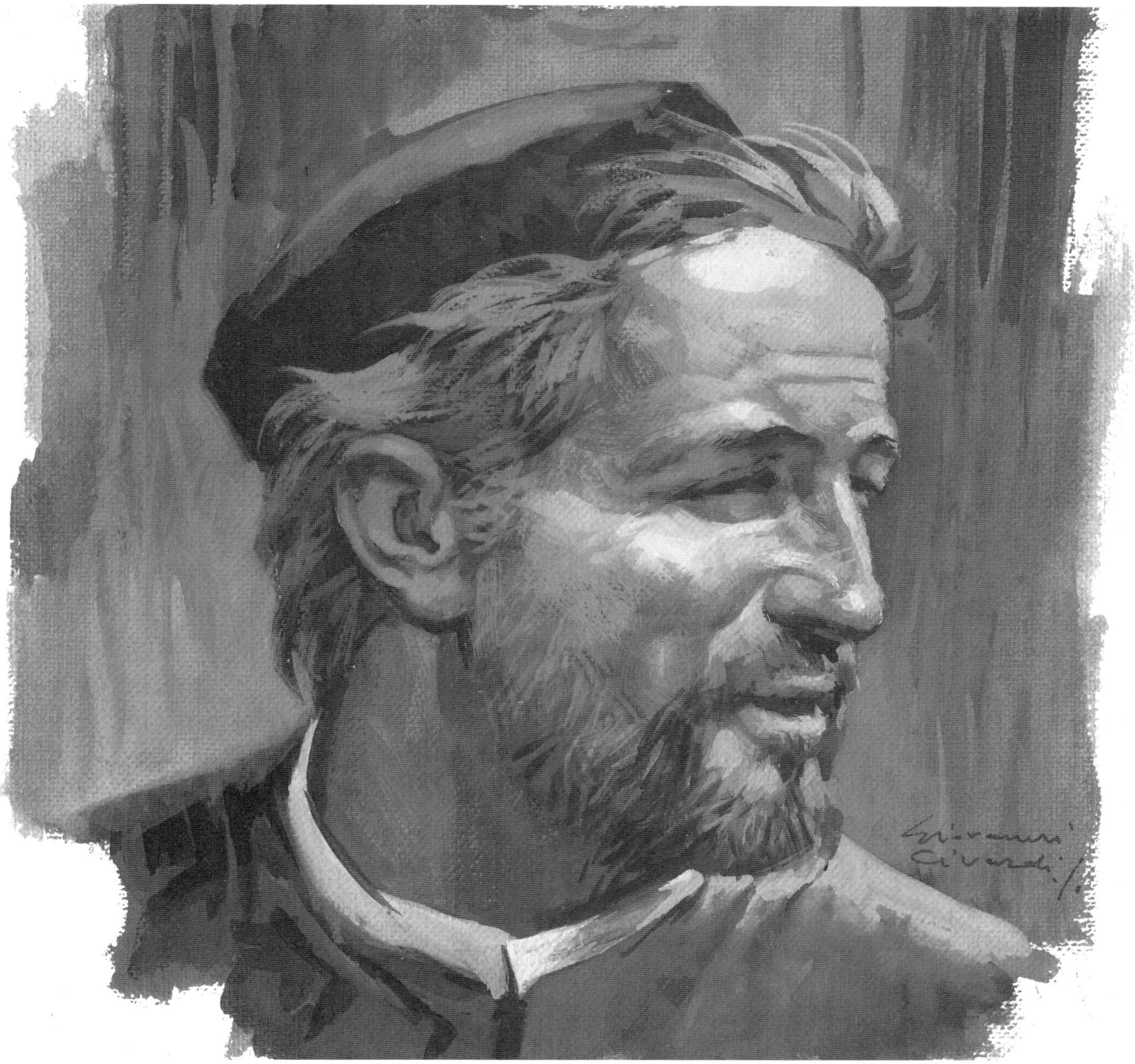

Fase 5

Témpera monocroma (blanco, negro) sobre cartón entelado, 30 x 20 cm.

7 Cabezas y rostros de personas adultas

El rostro de las personas de edad adulta (genéricamente comprendida, en sentido lato, entre los 20 y los 50 años) ofrece al artista particulares oportunidades de estudio, sobre todo en sus fases iniciales de investigación, cuando se prepara a afrontar el gran tema del retrato y de la figura humana. Por ejemplo: los rasgos fisonómicos están ya definidos y bien delineados, la estructura anatómica y las proporciones encajan plenamente en la descripción estándar, los caracteres expresivos aparecen en su más rica y significativa variedad.

Las cabezas son muy diversas en las dimensiones y en las características de las facciones, pero todas pueden reconducirse a un esquema proporcional útil para simplificar las formas y para coordinar mejor sus estructuras. Por ejemplo: examinando una cabeza "genérica", tanto masculina como femenina, se observa que la cara (comprendida entre la raíz de los cabellos y la base del mentón) se puede repartir en tres sectores de igual altura trazando las líneas horizontales que pasan a nivel de las cejas, de la base de la nariz y de la base de la barbilla; o bien que el sector delimitado, en la vista frontal, por dos líneas verticales que pasan por el centro de las pupilas encierra (con anchuras menores) la nariz y los labios.

La *constitución*, es decir, la conformación corporal de los seres humanos, varía de individuo a individuo, pero puede clasificarse según tres tipos principales indicados, según una terminología común, en: *brevilíneo* (de baja estatura y robusto), *longilíneo* (alto y delgado) y *normolíneo* (con parámetros intermedios entre los dos precedentes). También la cabeza, por tanto, asume características correspondientes al tipo somático y, es más, las enfatiza y las gradúa en muchos matices. Es bien sabido lo fácil que es encontrar cabezas y caras que, por la mera variación de las proporciones entre los tres sectores que se han mencionado, asumen el aspecto genéricamente descrito como redondo, cuadrado, ancho y bajo o estrecho y alto.

Si bien el esquema proporcional se mantiene fundamentalmente igual tanto si se aplica a una cabeza adulta masculina como femenina, es en cualquier caso fácil descubrir, entre los dos sexos, algunas diferencias típicas de conformación de toda la cabeza. Por ejemplo, la mujer, respecto al hombre, tiende a tener la cabeza más redondeada; la cara más baja y estrecha; la frente más vertical; el ángulo de la mandíbula más redondeado; los cabellos más espesos; el cuello más delgado.

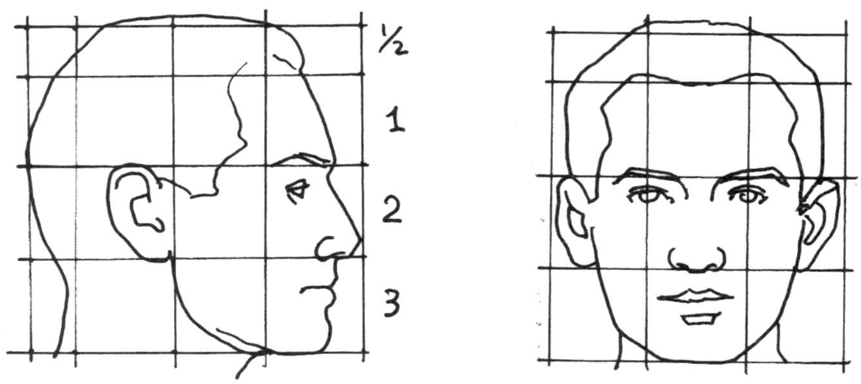

A

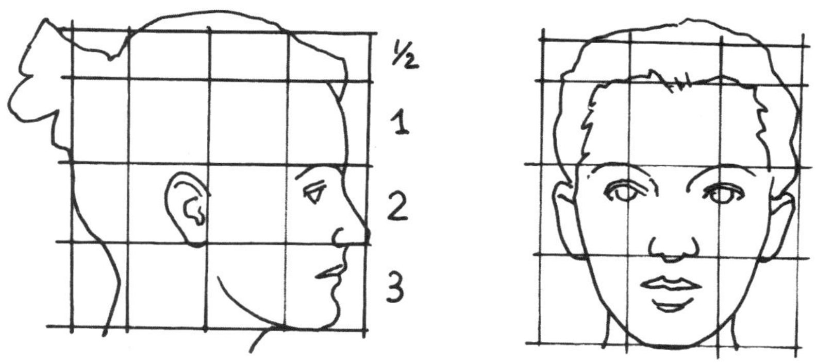

B

Proporciones "estándares" de la cabeza masculina (A) y de la cabeza femenina (B).

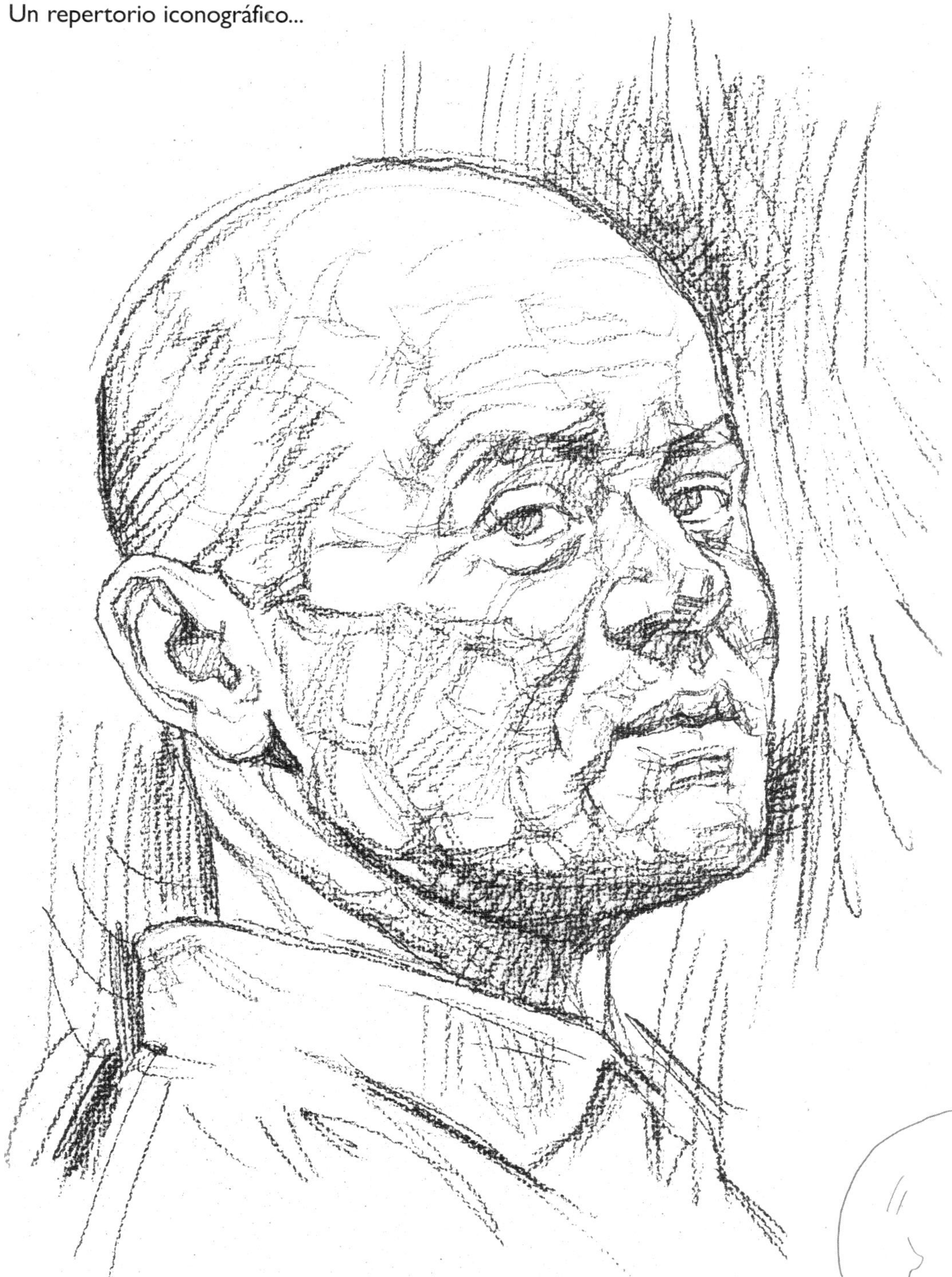

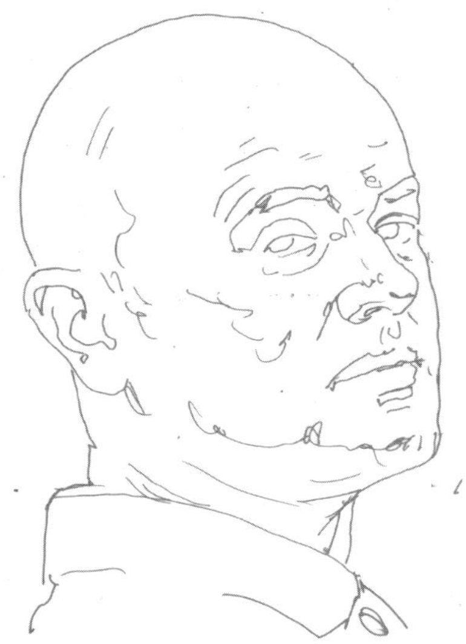

Acentué la descomposición de los planos superficiales, para lograr que fuera más "sólida" la estructura de la cabeza.

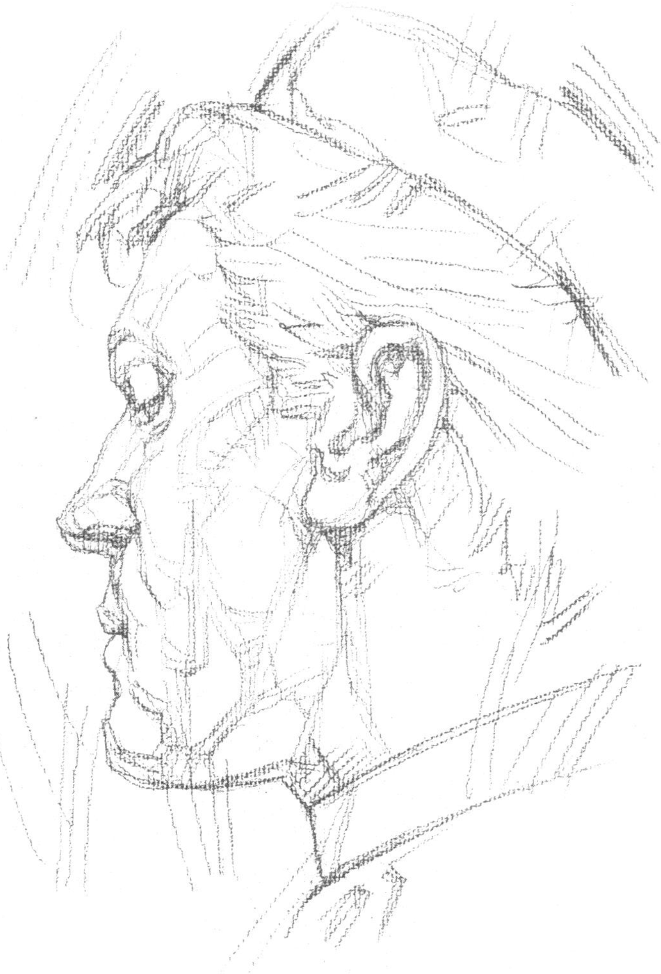

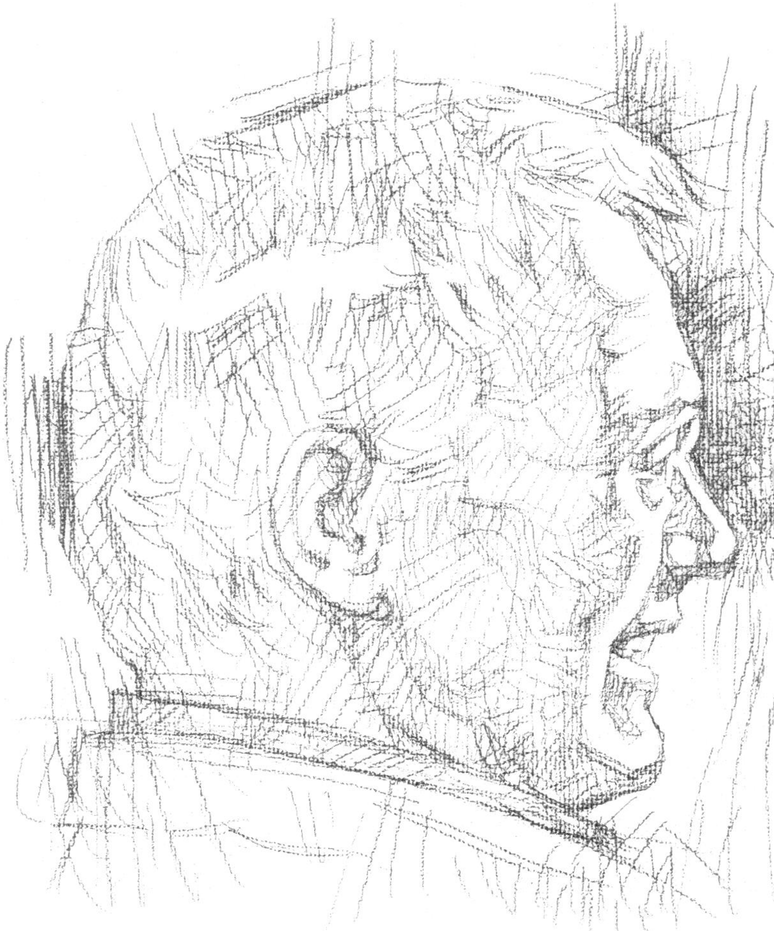

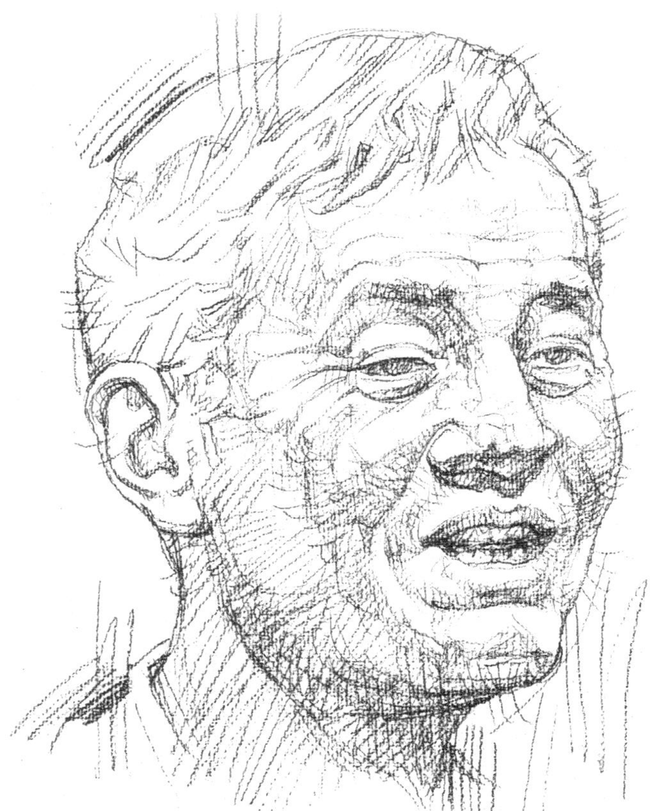

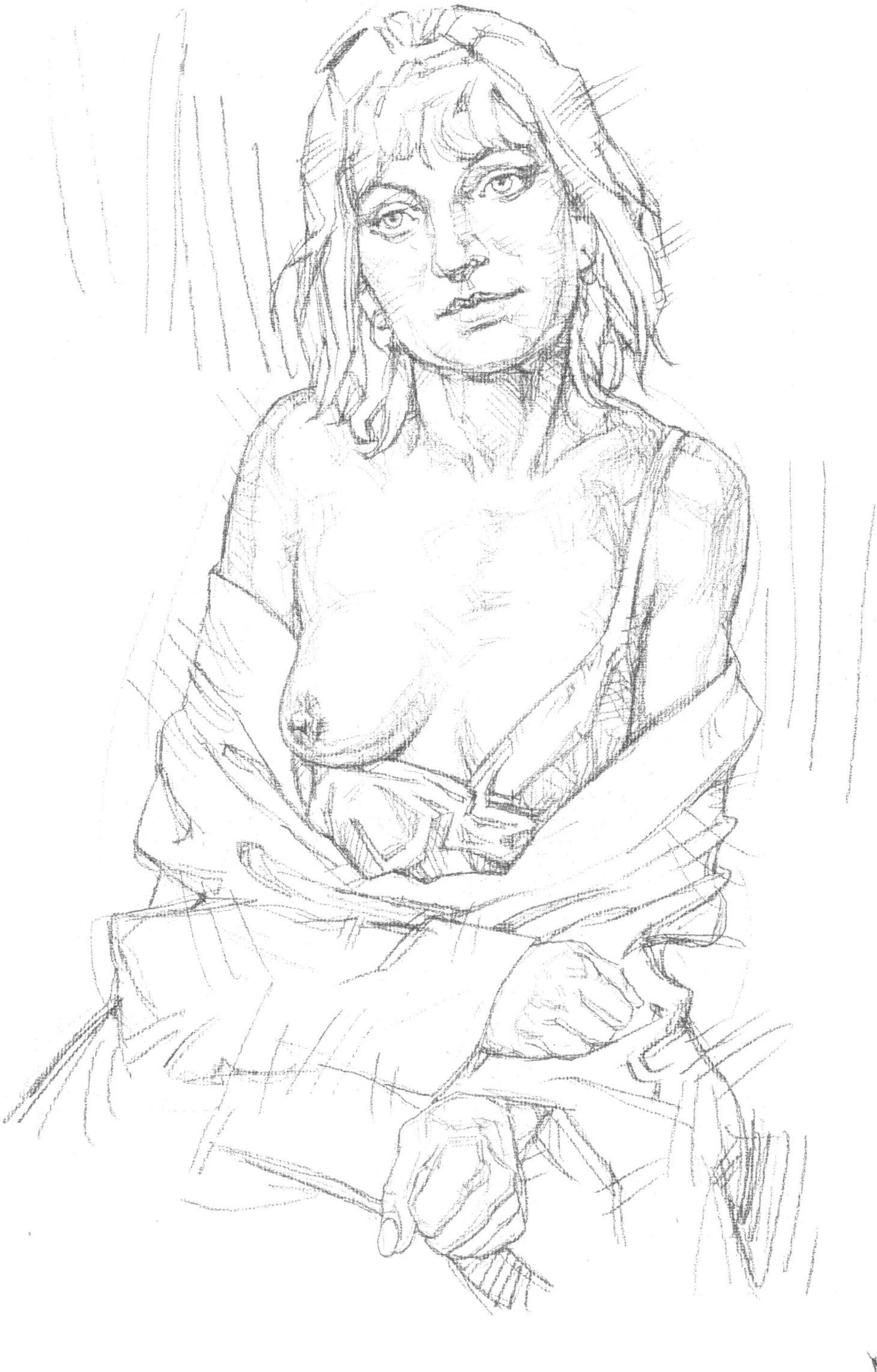

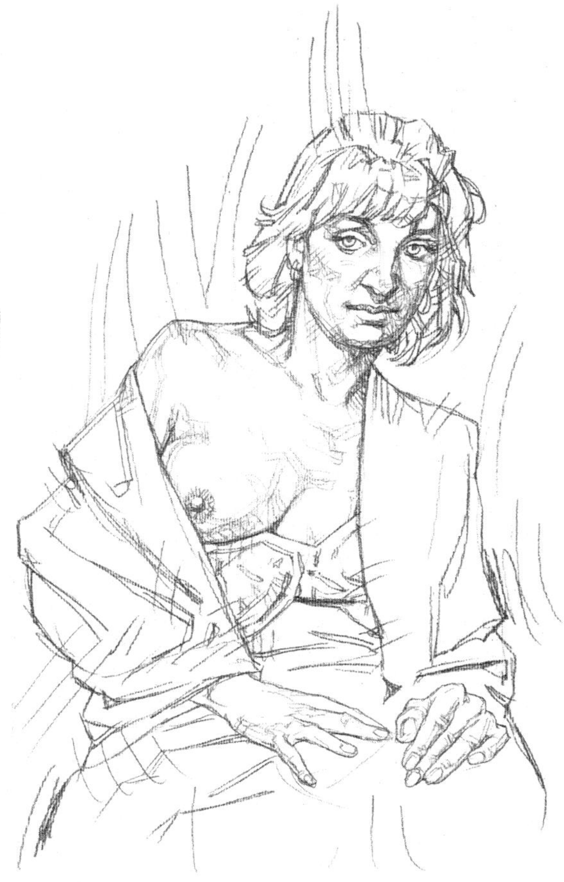

Estudios para el retrato de Sylvia N. (lápiz HB sobre cartón entelado, 20 x 30 cm, 2010)

La expresión del rostro está también relacionada con la actitud y se expresa mejor si se representa también el cuerpo o parte de él.

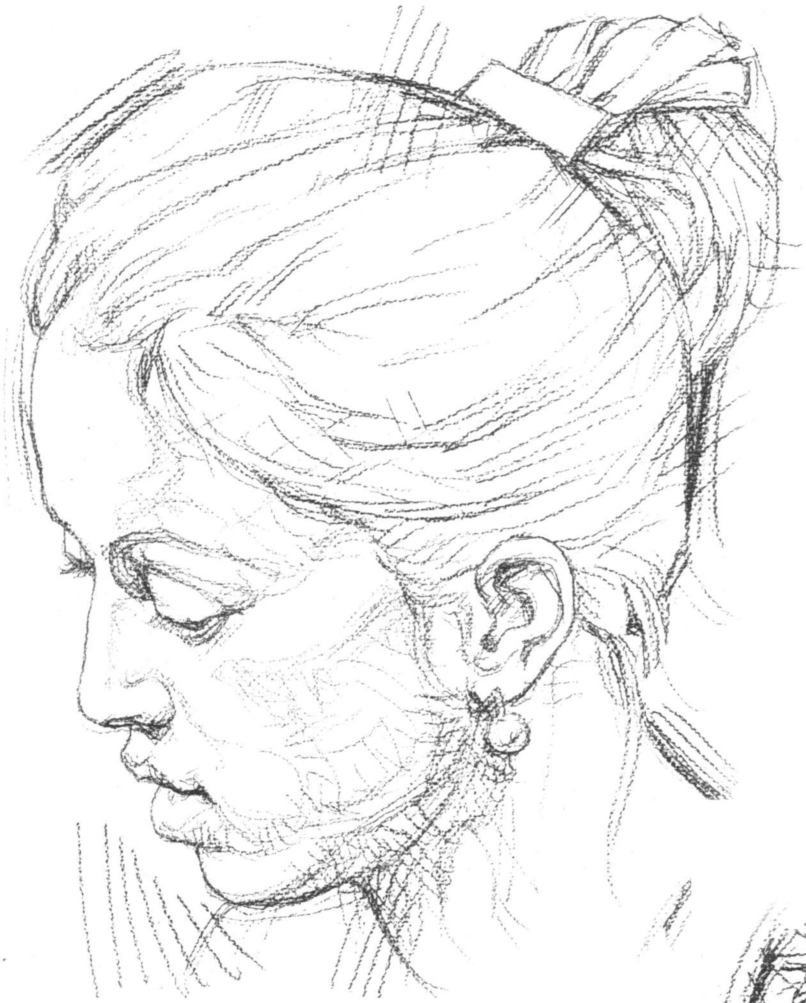

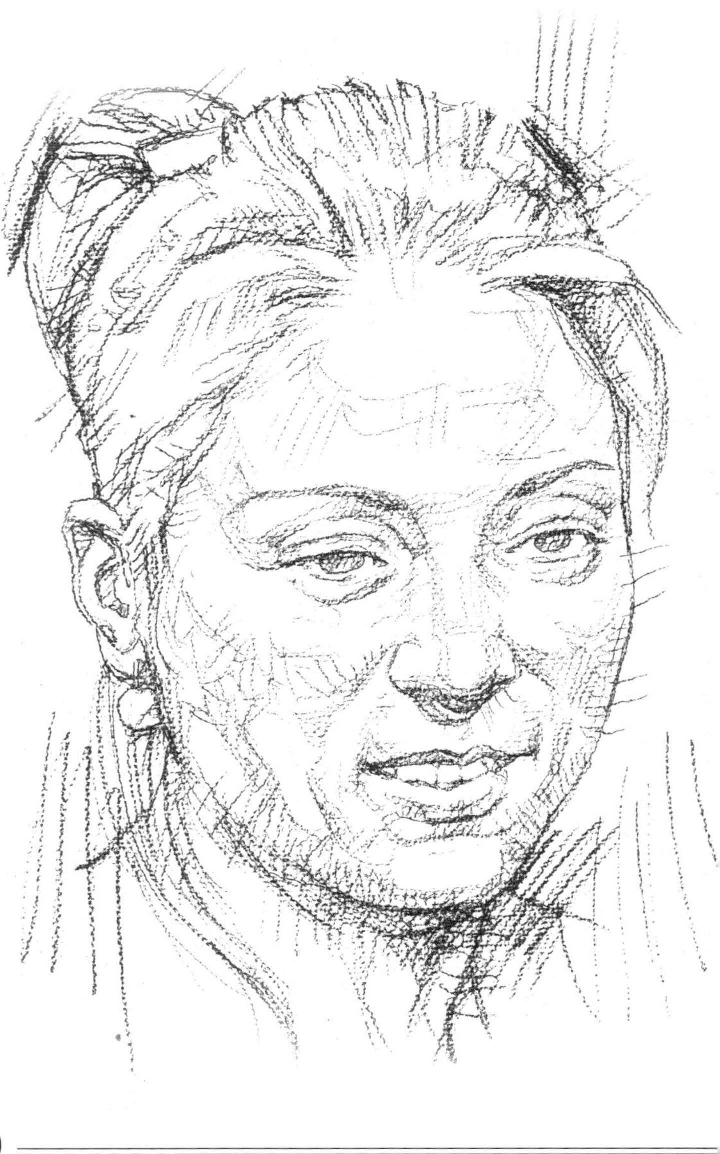

El rostro asiático muestra siempre características morfológicas particulares (si bien diversamente matizadas), concentradas sobre todo en el "corte" de los ojos y en el achatamiento de la cara.

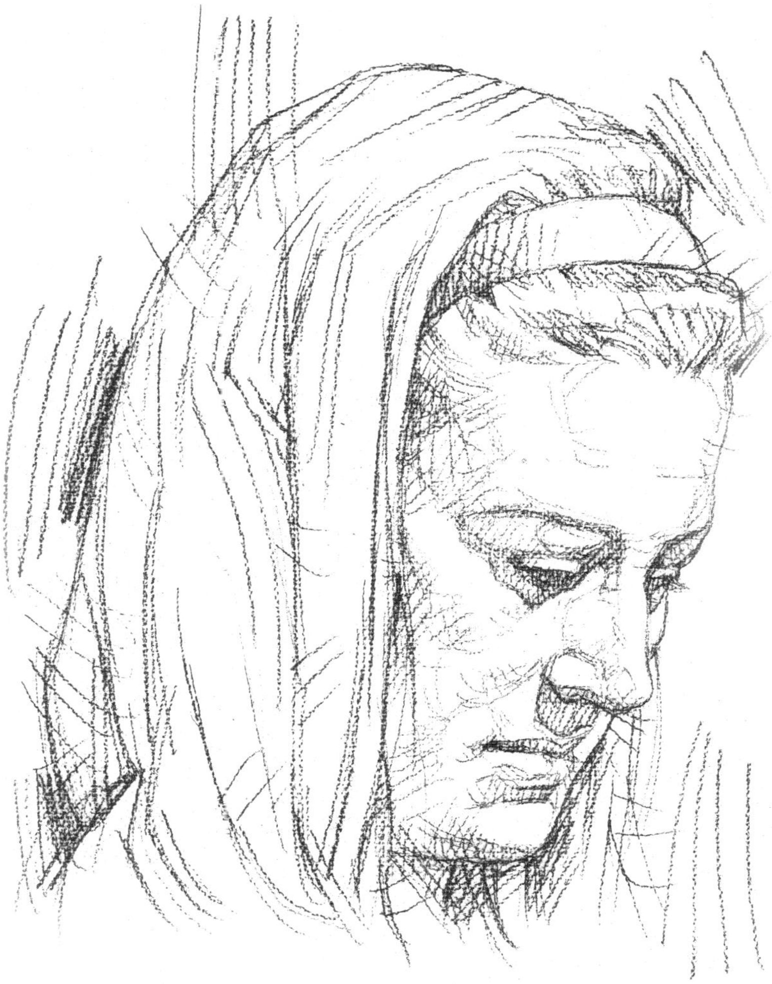

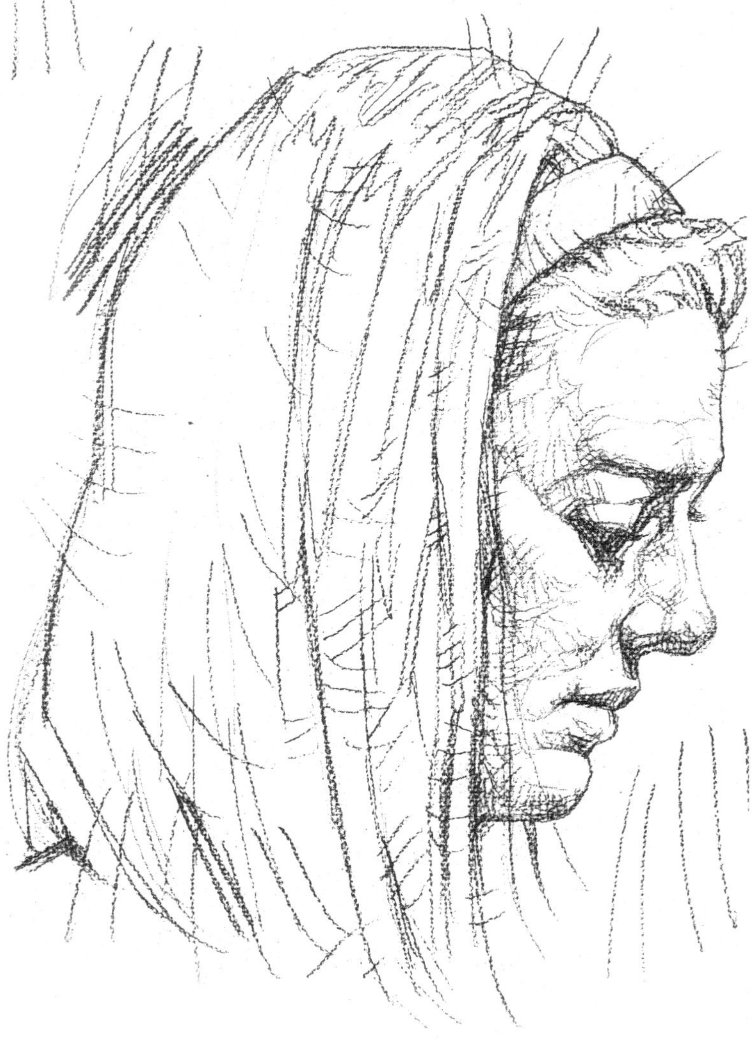

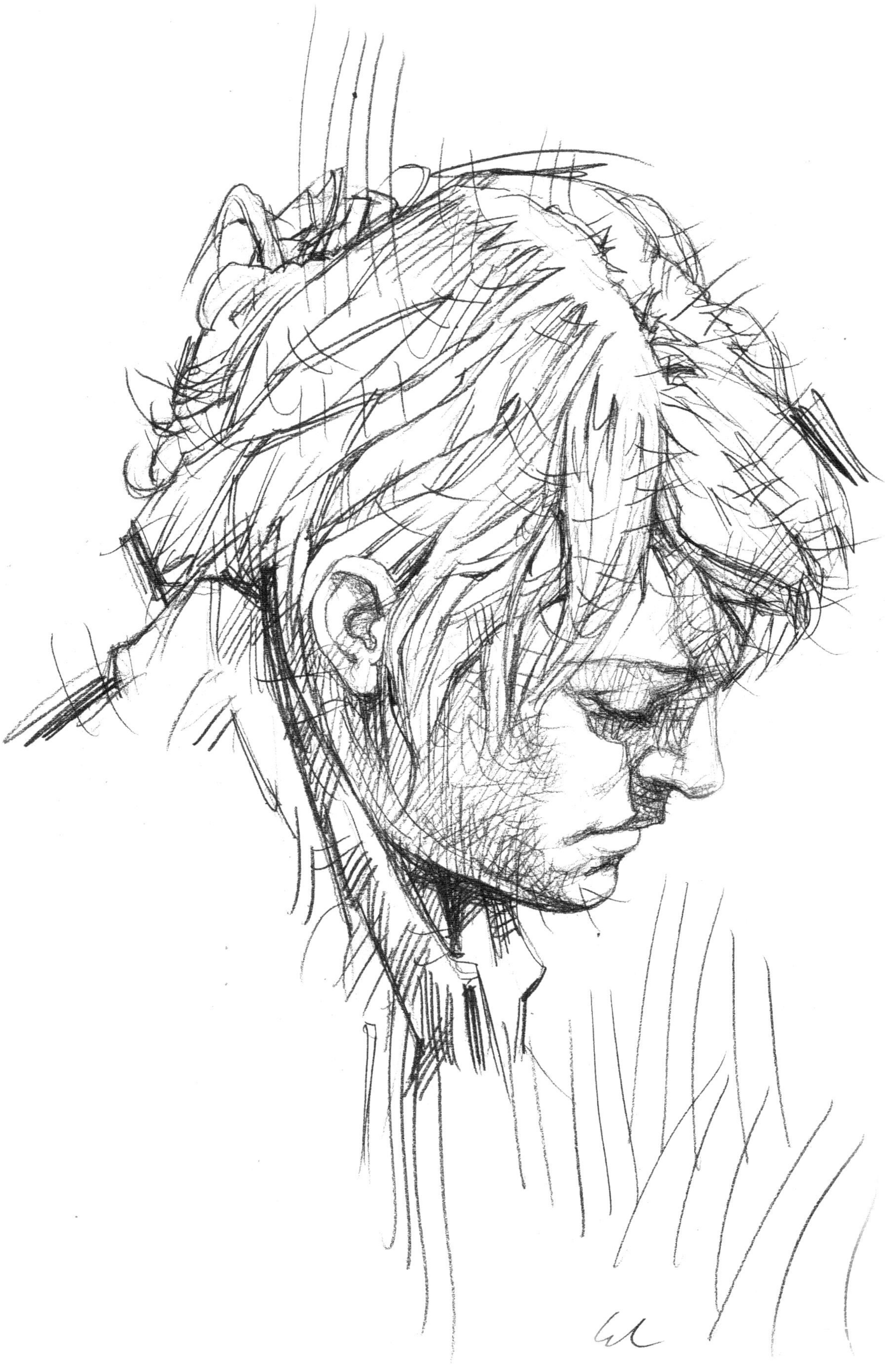

Lápiz HB (mina fina) sobre cartón entelado, 20,5 x 30,5 cm.

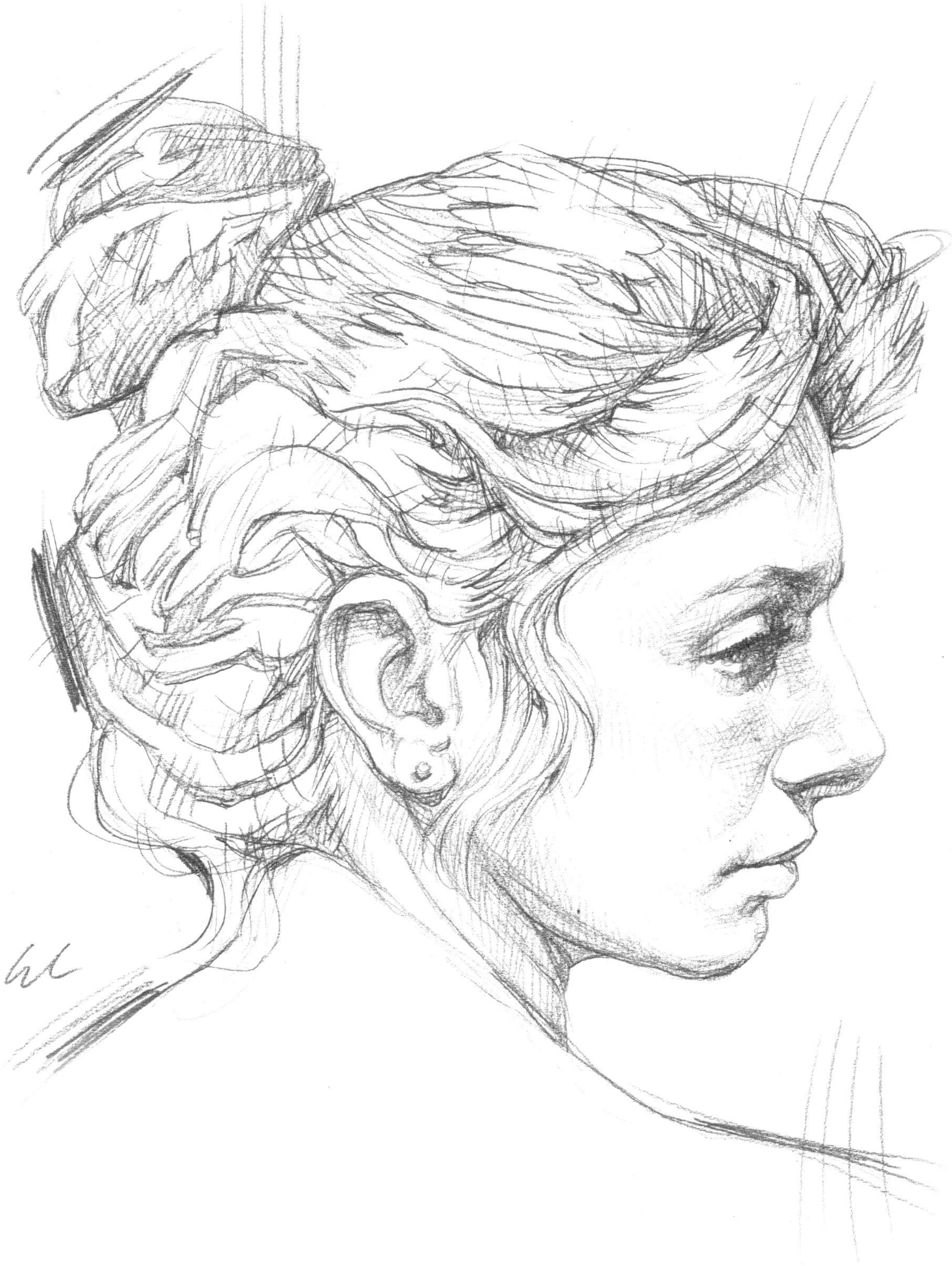

Retrato de Rossana F., lápiz HB sobre papel, 31 x 21 cm, 2010 (segunda versión).

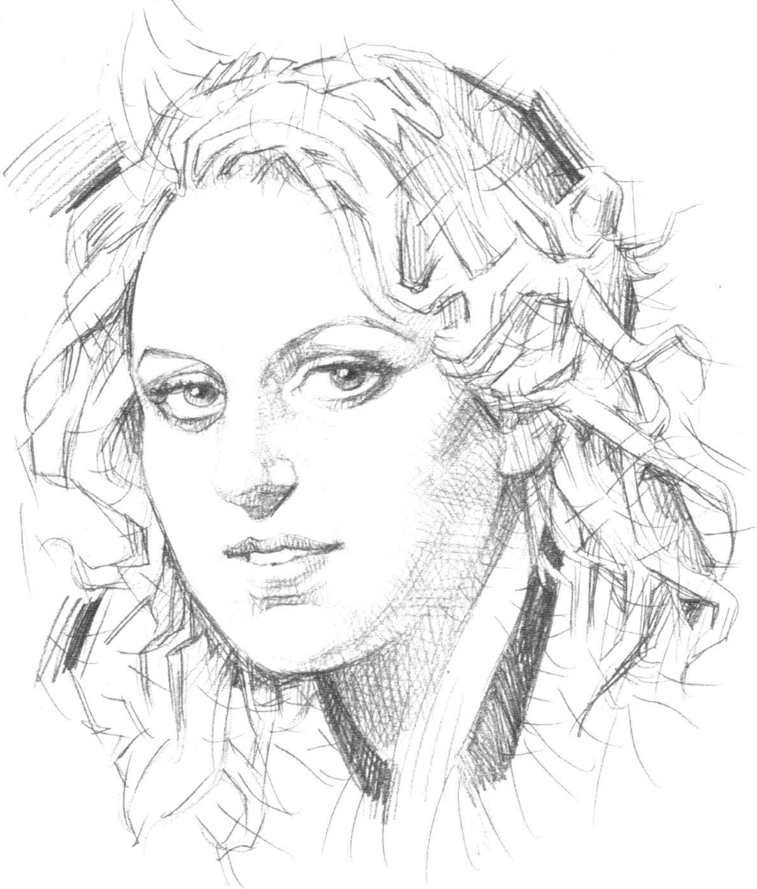

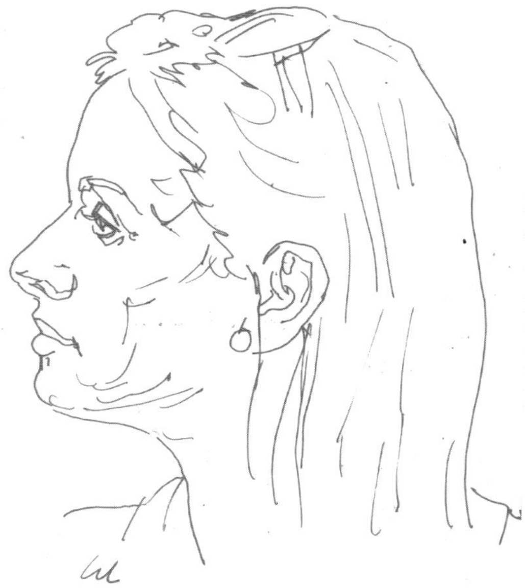

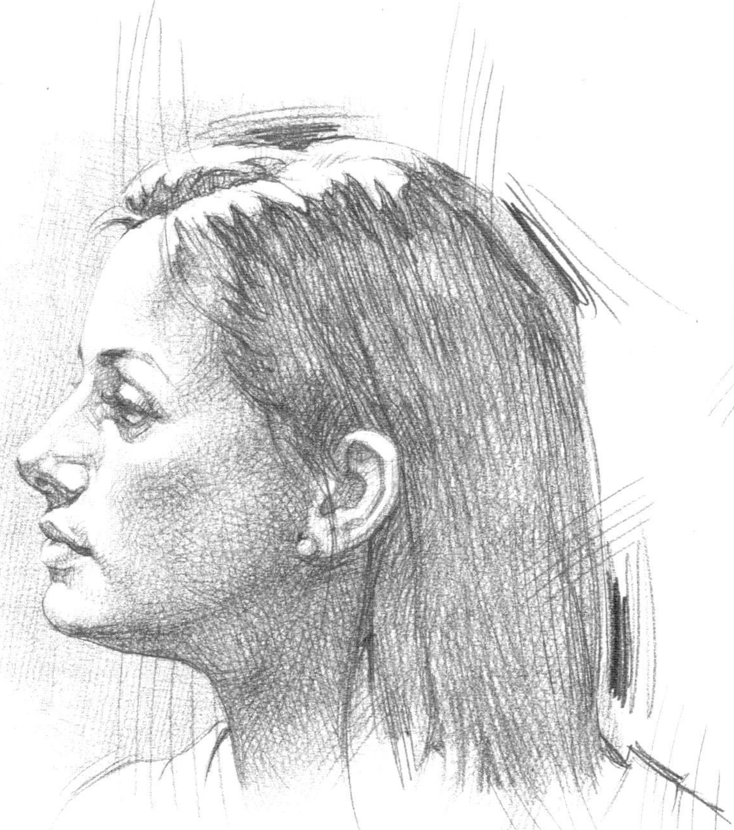

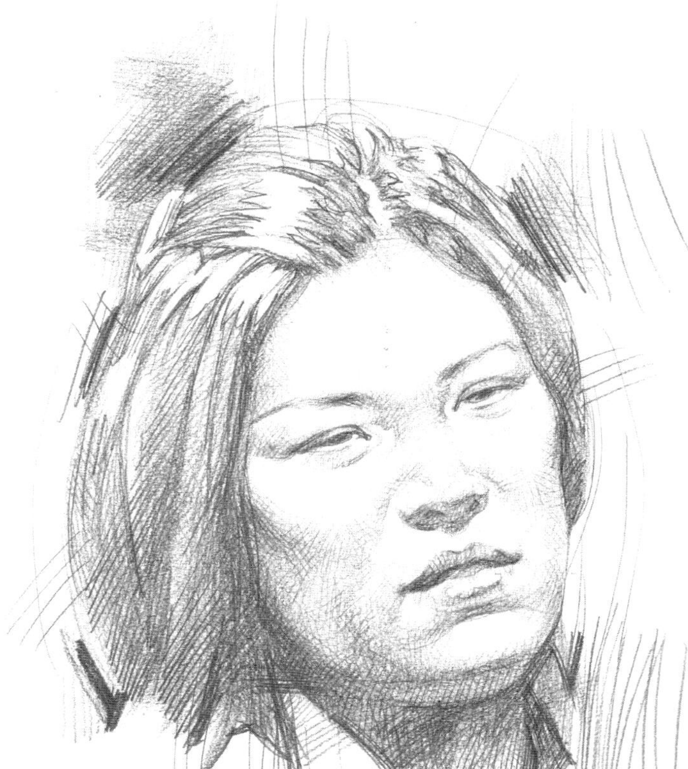

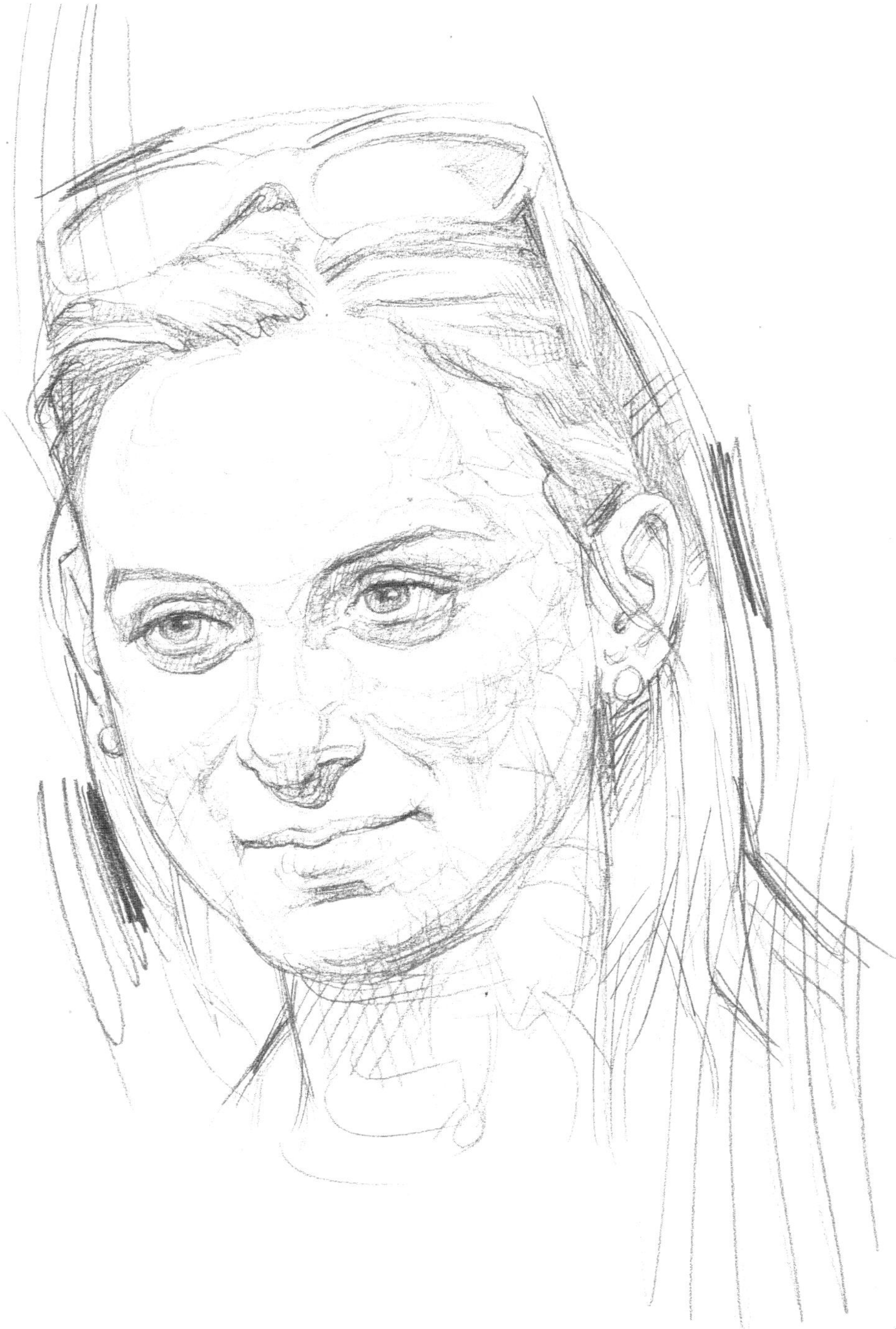

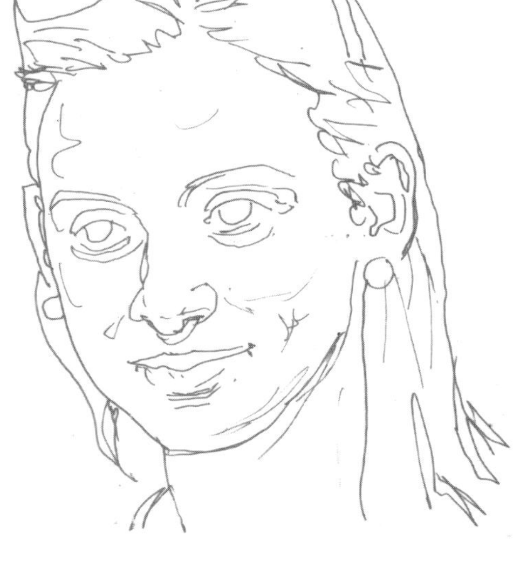

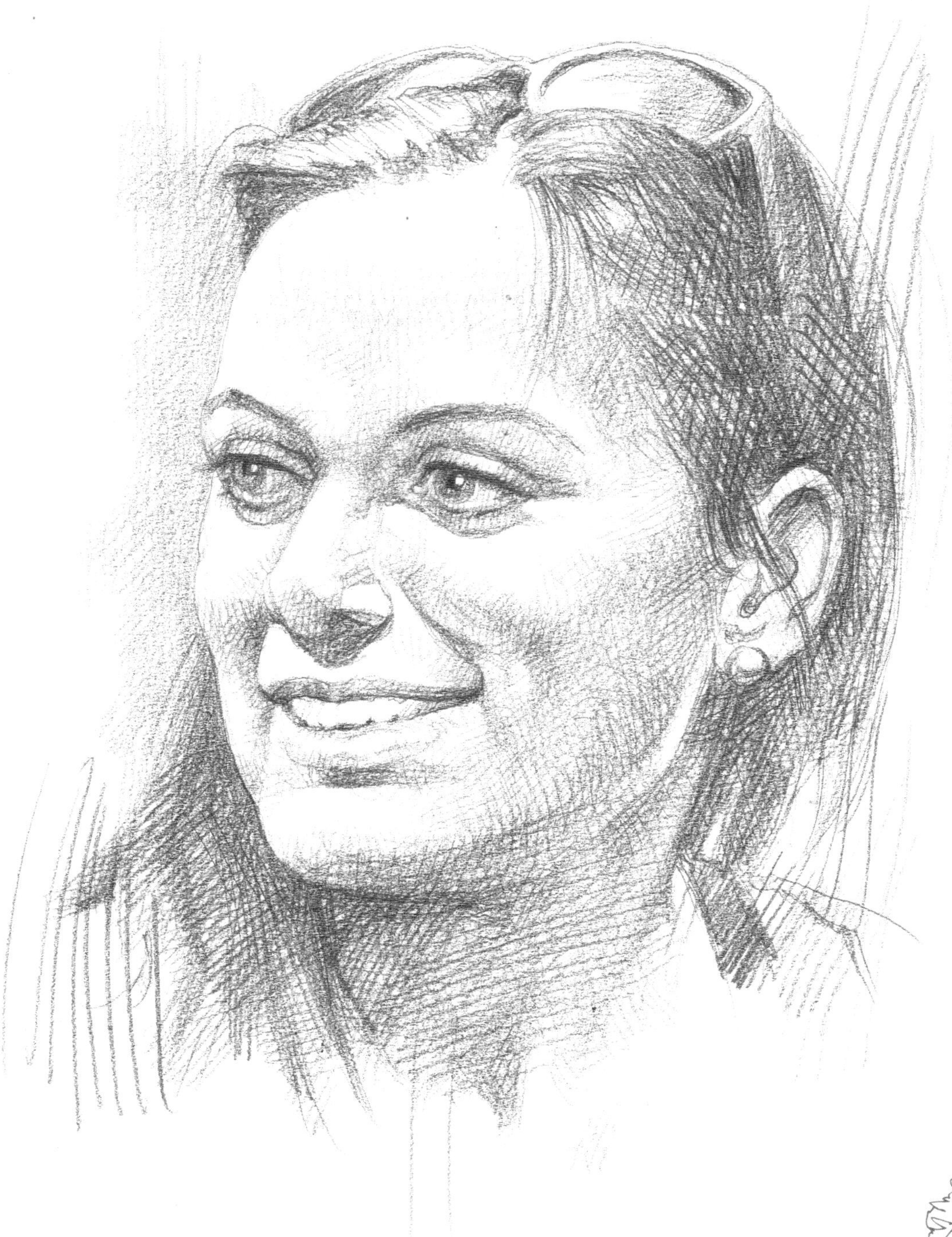

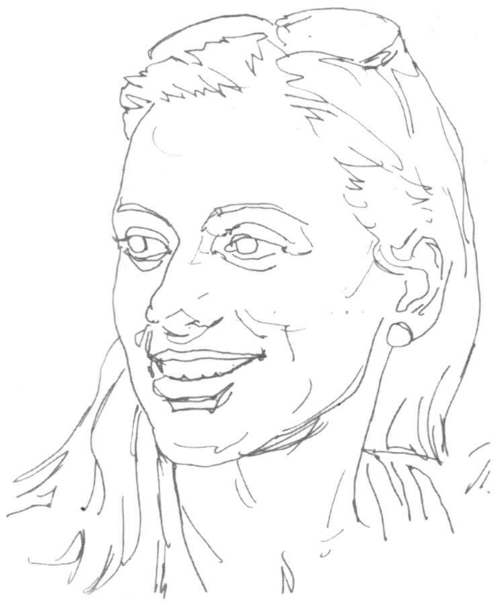

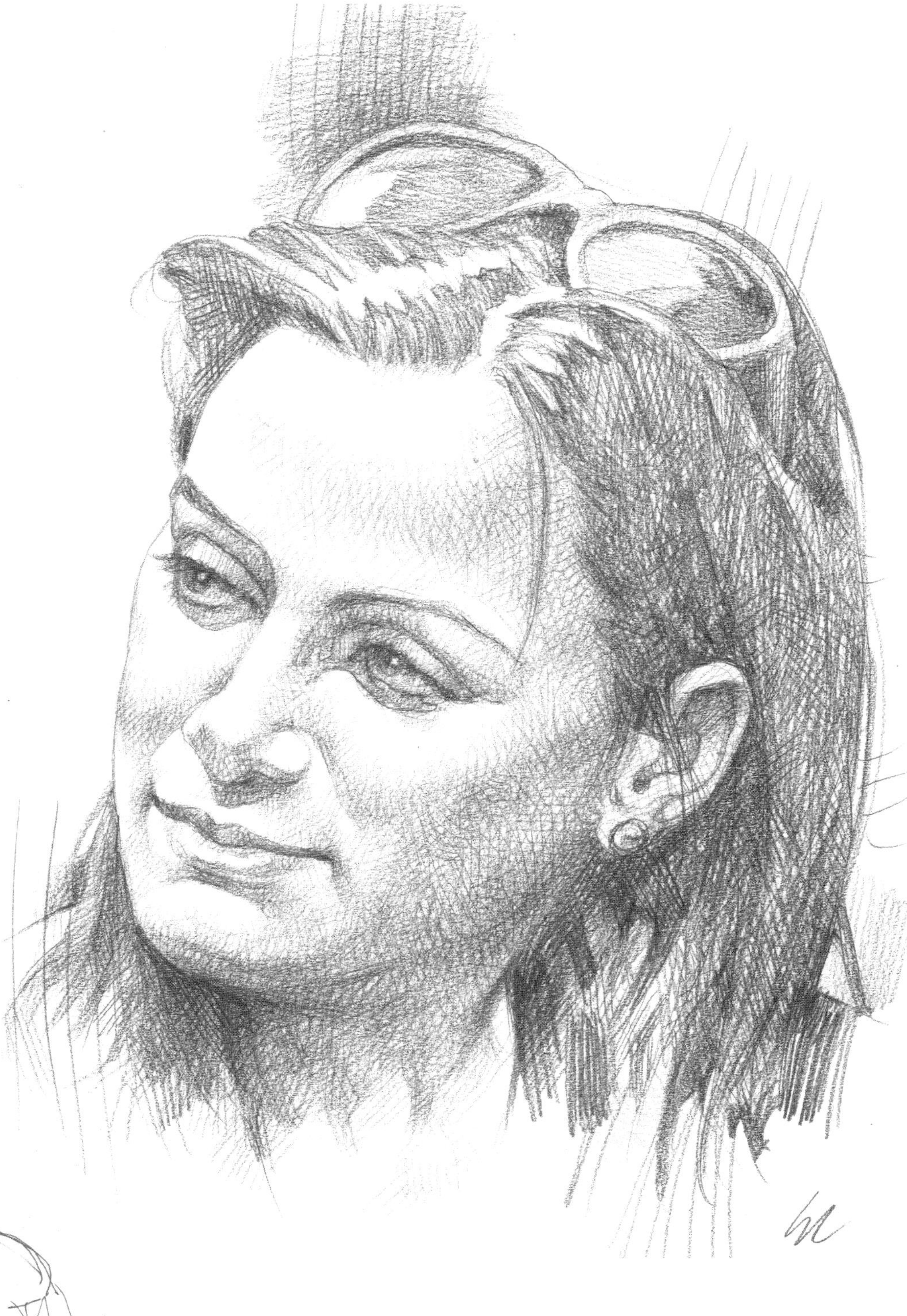

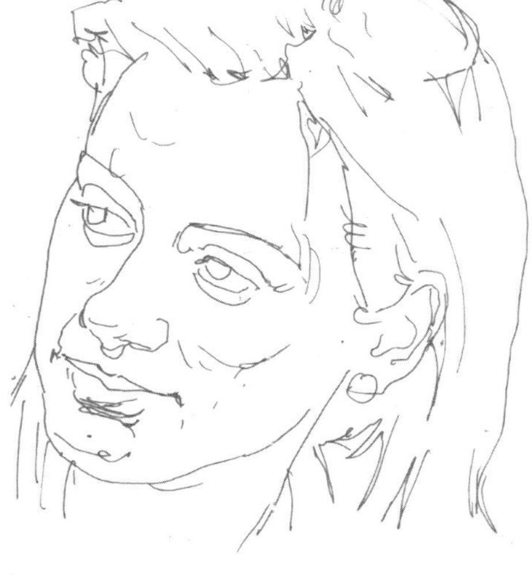

8 Cabezas y rostros de jóvenes y de niños

Sigue siempre tus sueños, pero detente antes de alcanzarlos...

El dibujo de la cabeza de un niño o de un adolescente se basa en el análisis de las proporciones más que en la anatomía de los músculos. Las proporciones de la cabeza de un niño, de hecho, son muy distintas a las de un adulto y varían marcadamente a medida que tiene lugar el crecimiento. En el nacimiento, la caja craneana está muy redondeada y tiene un volumen mucho mayor que el de la cara, sobre la cual, por esa razón, los ojos parecen muy separados. El cambio de las proporciones indica la edad aparente del niño. Por ejemplo, hace falta prestar especial atención a la longitud y a la forma de la nariz, al nivel de la línea de las cejas, a las dimensiones de las orejas (que parecen grandes) y del cuello (que parece delgado y cilíndrico), a la barbilla, pequeña y redondeada. Si las relaciones proporcionales no se observan bien, existe el riesgo de dibujar solo "pequeños adultos".

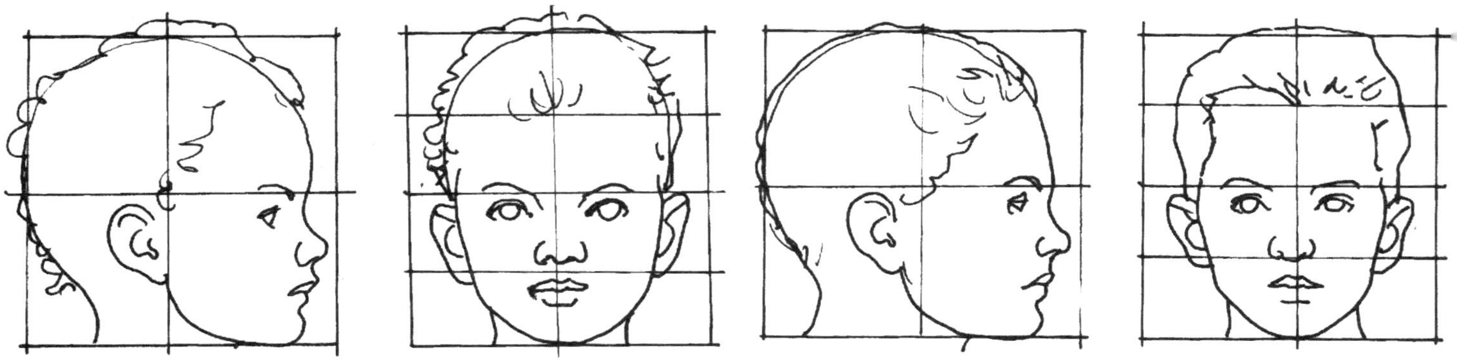

A B

Esquema de las proporciones de una cabeza infantil: A) a unos 2 años; B) a unos 7-8 años. Las relaciones de proporción son parecidas en los dos sexos, al menos hasta la adolescencia.

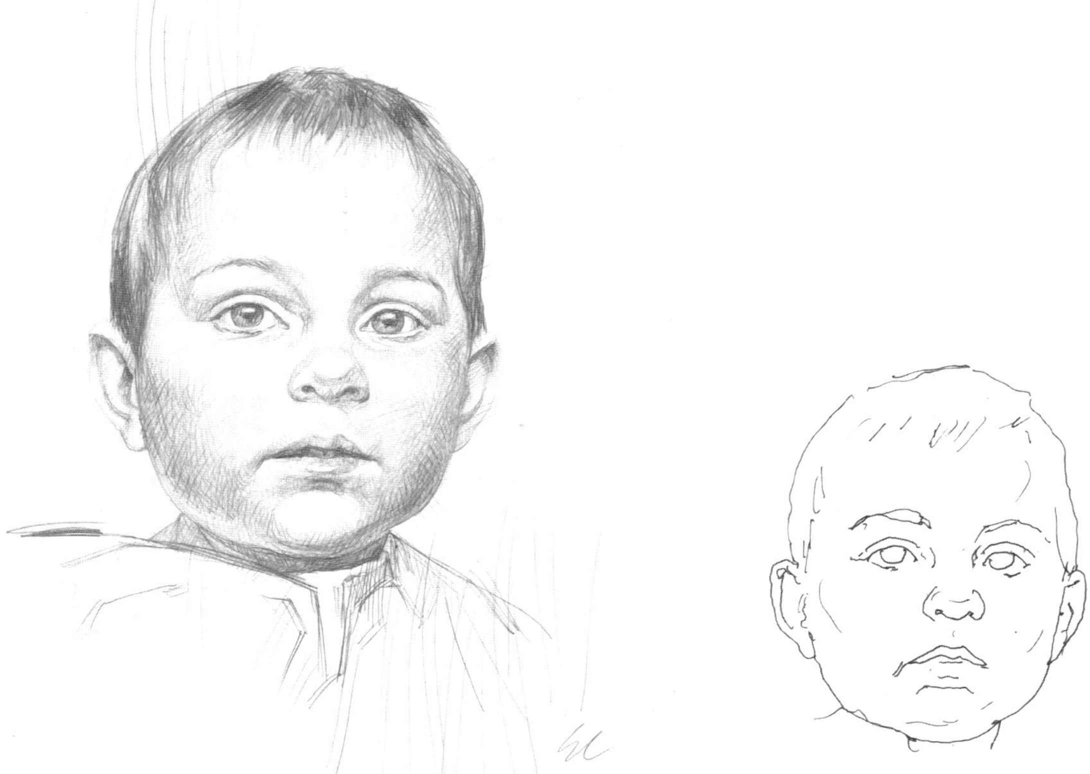

Retrato de N. (lápiz HB sobre papel, 22 x 31 cm, 2010)) y correspondiente esquema estructural (pluma y tinta).

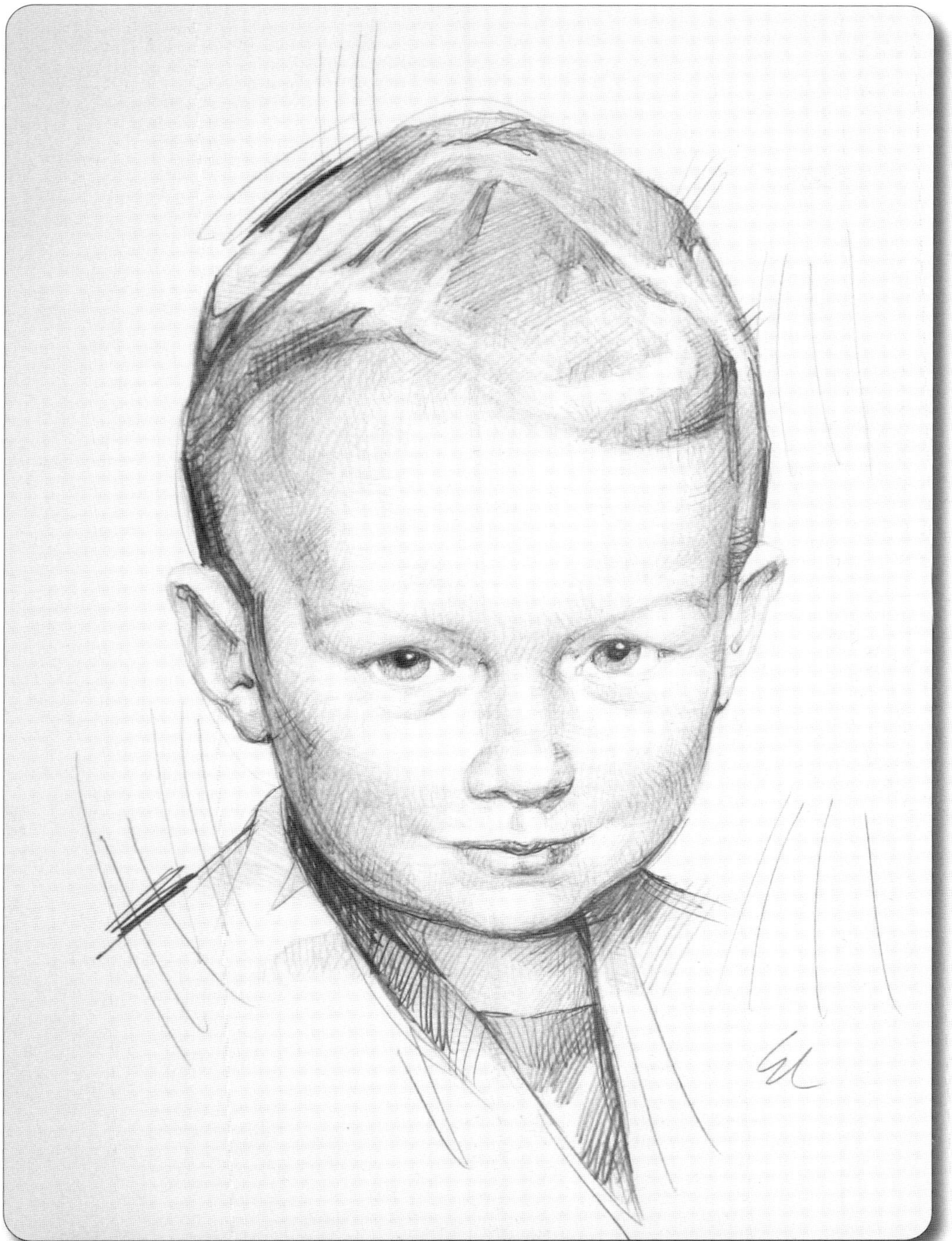

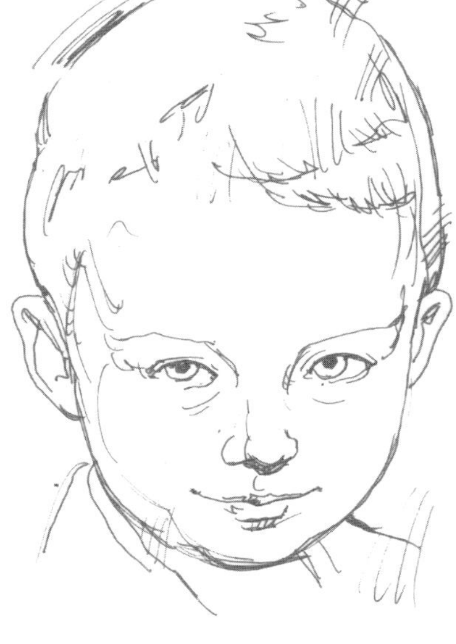

Retrato de W. (lápiz HB sobre papel, 22 x 31 cm, 2010) y correspondiente esquema estructural, a pluma.

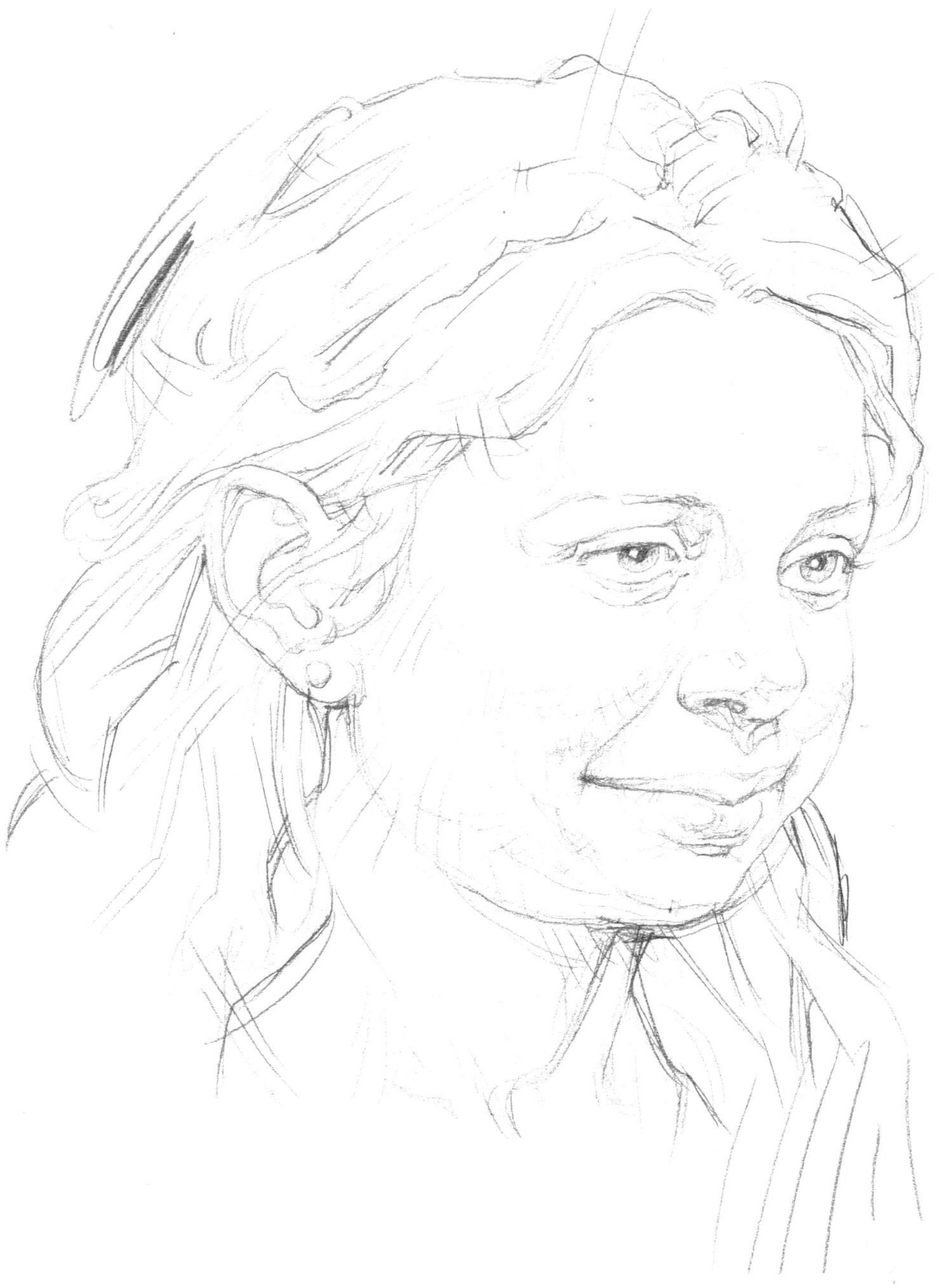

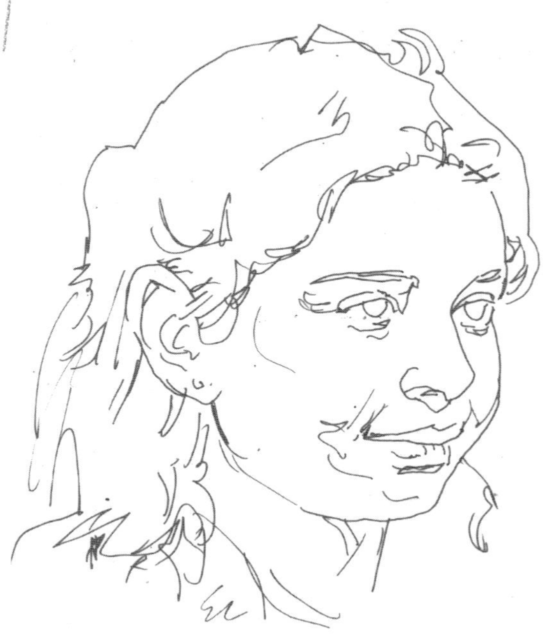

Puede ser muy divertido retratar adolescentes, porque, normalmente, colaboran en la experiencia, o bien pueden ser cogidos, a distancia, en expresiones simpáticas producidas por su humor alegre, de mirada límpida, vivaz y curiosa, enriquecida por la soltura de los cabellos y por la frescura de la piel lisa.

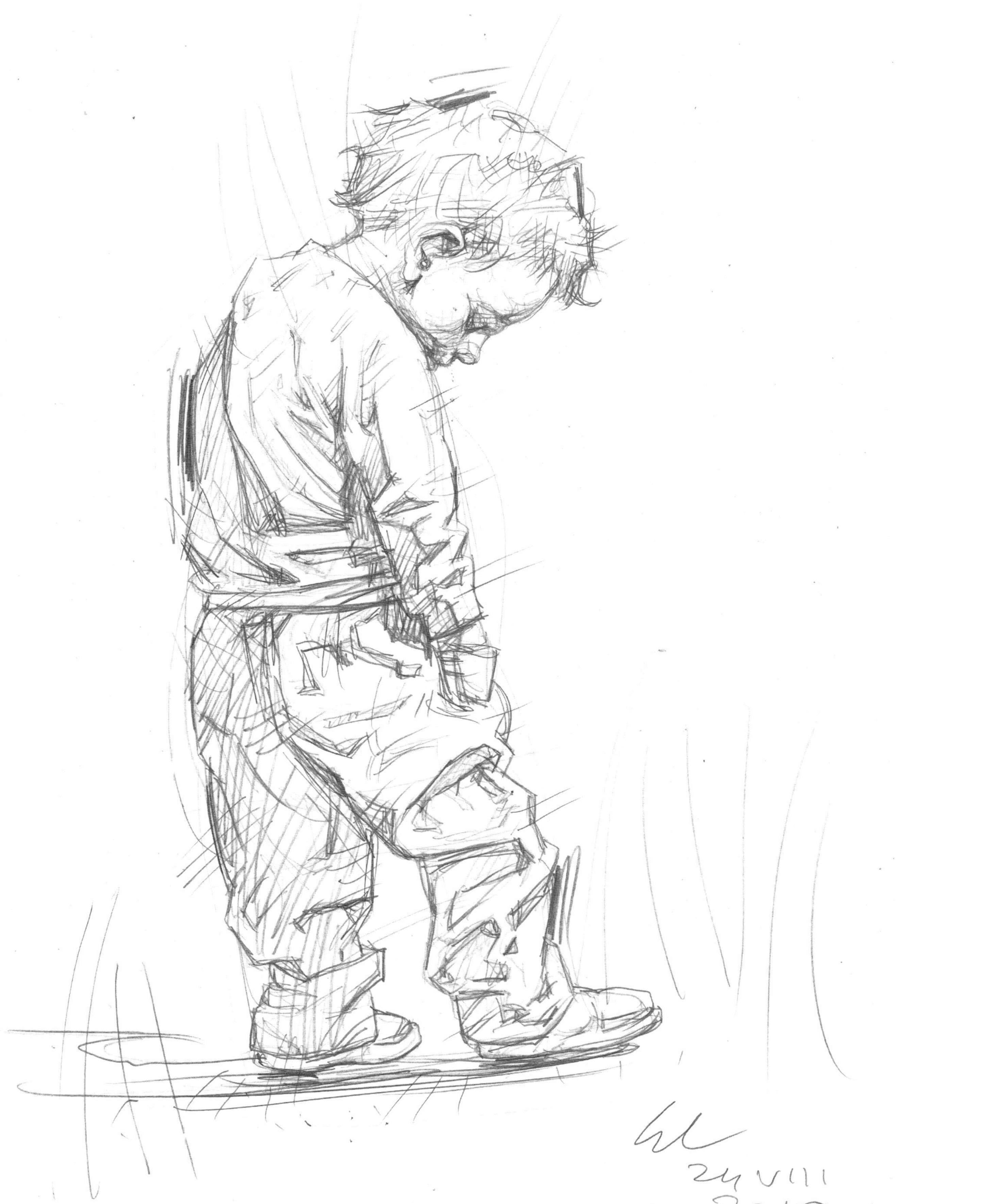

Pequeño peregrino en Lourdes (lápiz HB sobre papel, 22,5 x 31,5 cm).

El rostro es únicamente una parte (cierto que la más significativa) de la expresión corporal, pero, a veces, es bello considerar toda la actitud y representarla con pocos rasgos esenciales.

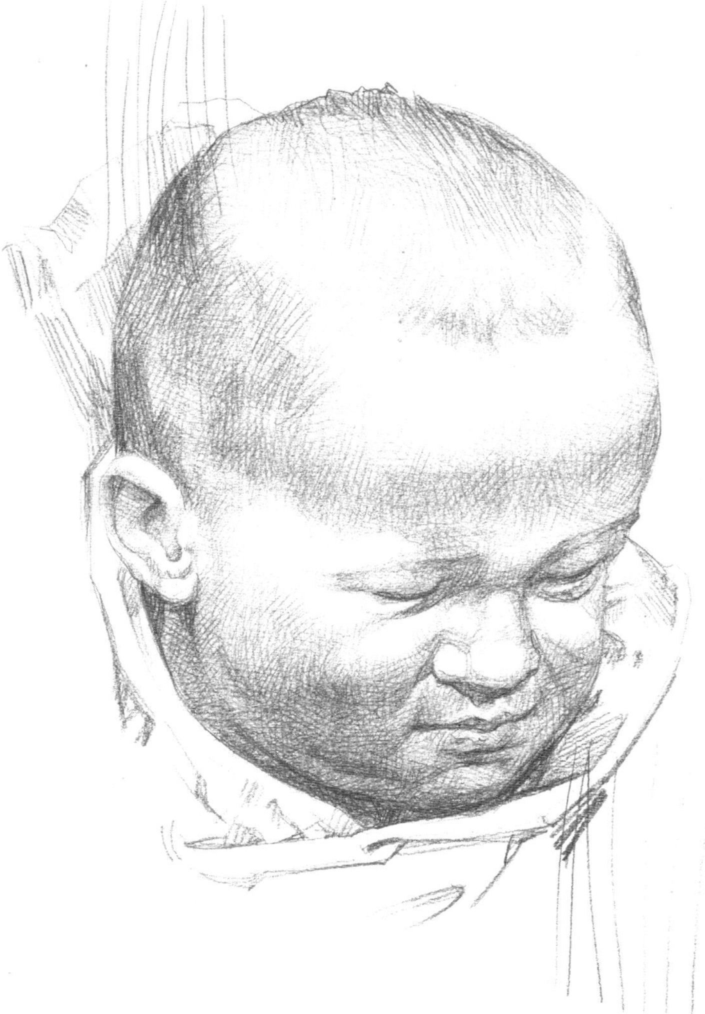

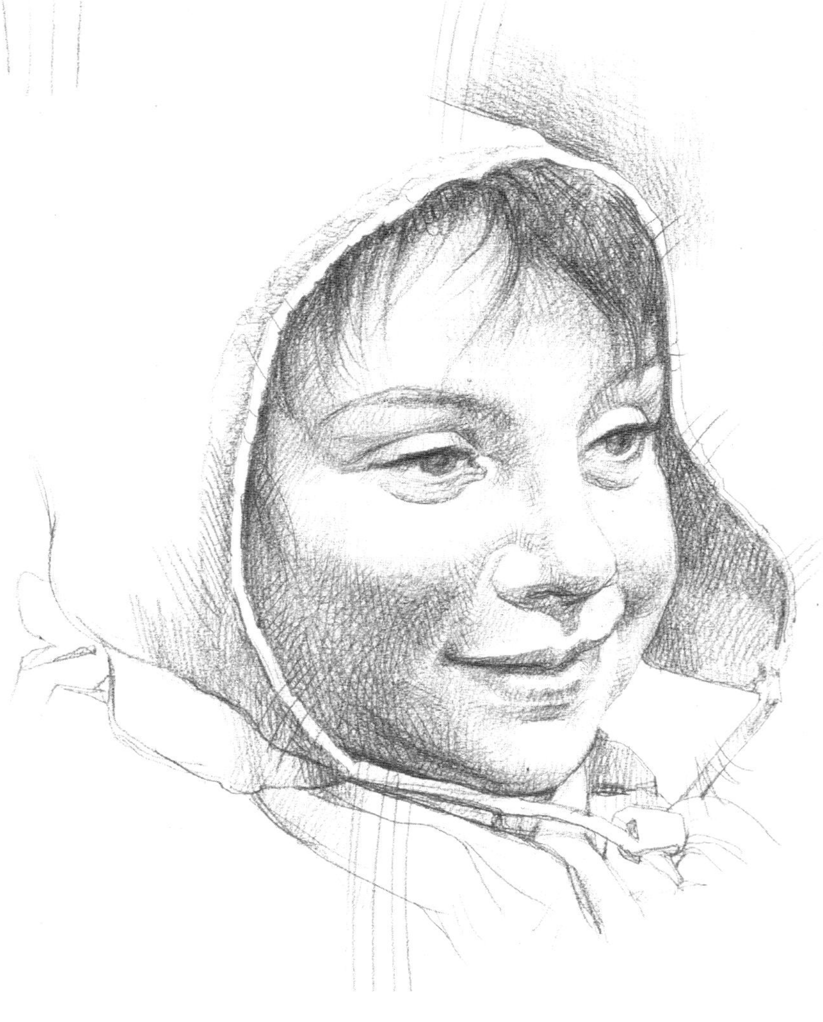

En los niños algunos rasgos son característicos: la boca y los dientes son pequeños, el labio superior sobresaliente, la mandíbula sostiene una barbilla pequeña y redondeada, las mejillas son lisas, realzadas, consistentes. Sin embargo, si todo el rostro parece liso y más bien redondeado, no hace falta excederse en la representación de estas cualidades y, en cambio, es importante considerar también la estructura volumétrica. El dibujo esquemático preliminar del rostro es útil para representar con sencillez y síntesis los rasgos fisonómicos. En estas páginas he reproducido algunos junto a su correspondiente (y sucesivo) esbozo.

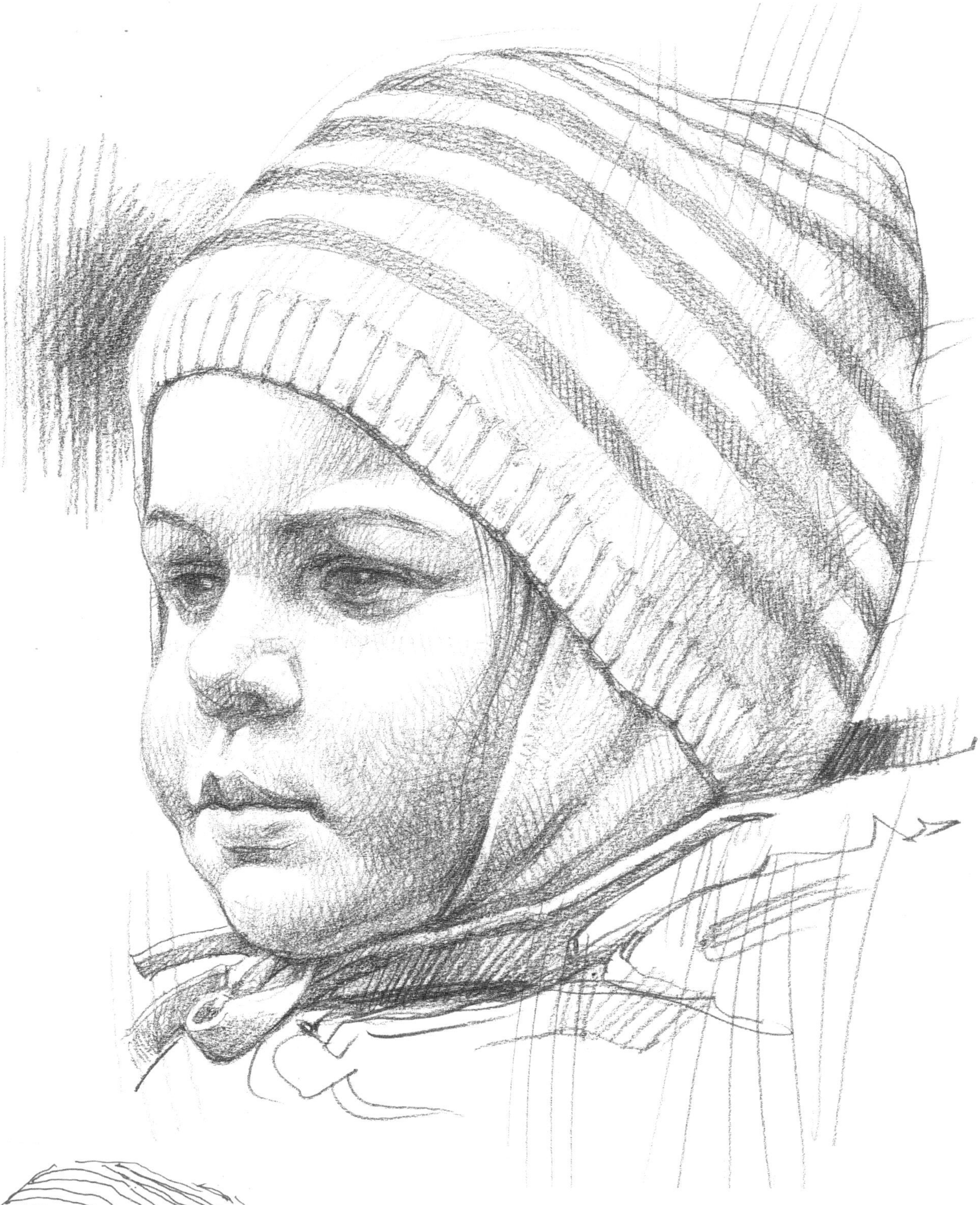

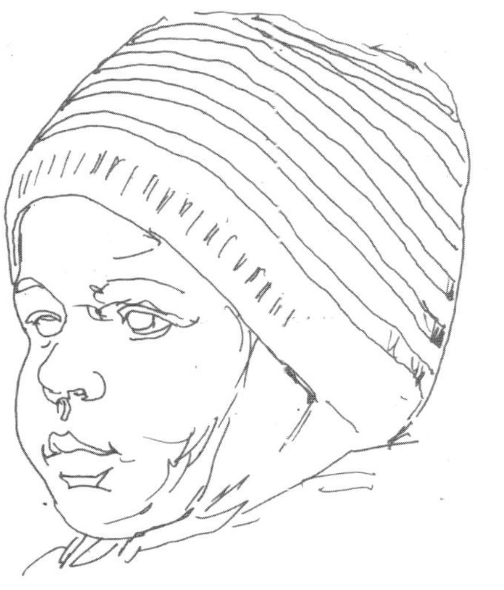

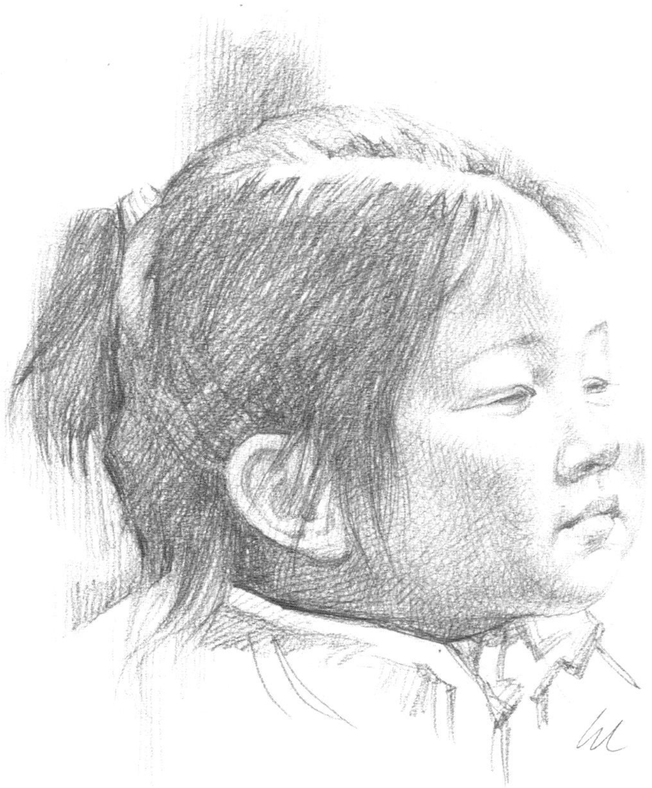

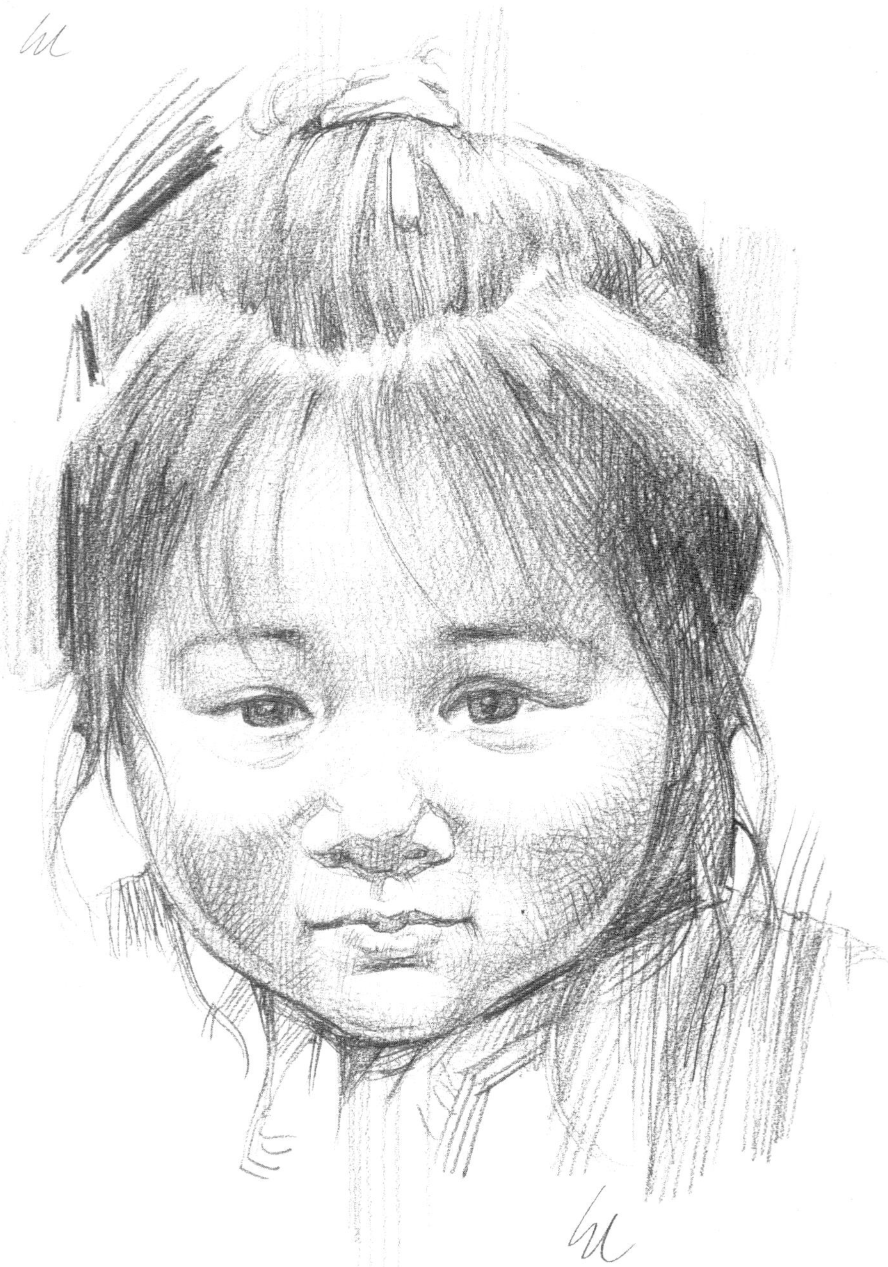

Es divertido estudiar el rostro y las expresiones de los niños pertenecientes a los diversos tipos de población (sobre todo de Asia y África). Ahora es fácil encontrarlos en cualquier centro urbano y son encantadores en las poses, en la sonrisa. Observándolos a cierta distancia, para no intimidarles, se puede concentrar la atención sobre la forma de los ojos, sobre las características del peinado o sobre los matices de color de la piel. Las proporciones, en cualquier caso, mantienen su validez de guía en el análisis facial.

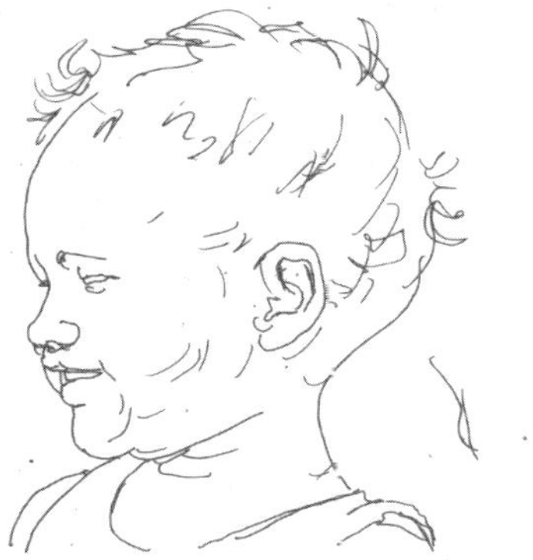

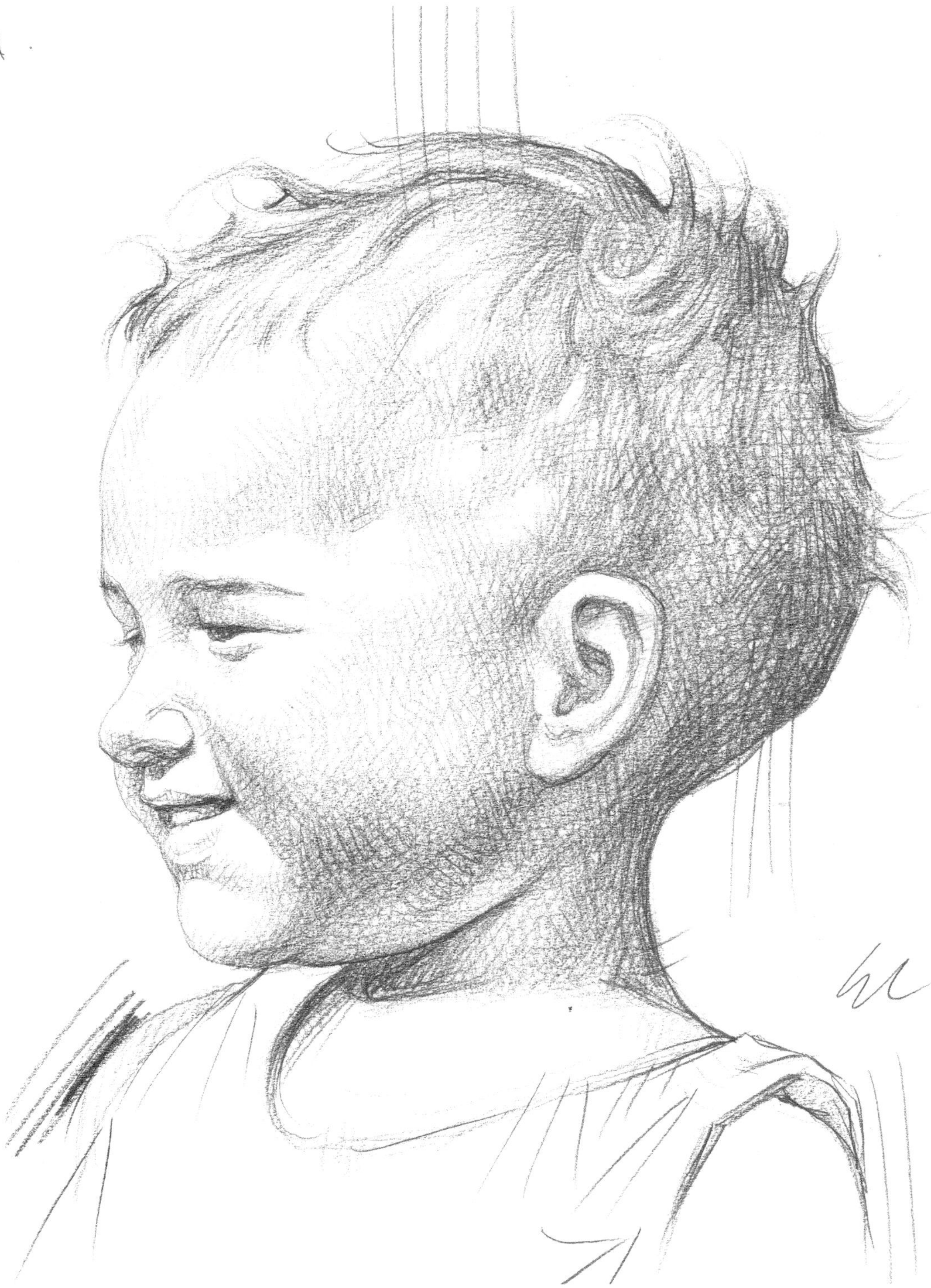

Al retratar el rostro de niños de edad muy joven (hasta los 6-7 años, por ejemplo) es necesario recurrir a la ayuda de la imagen fotográfica, porque se mueven continuamente y cambian con rapidez de expresión y de humor. En estas condiciones se pueden trazar únicamente rápidos bocetos. La fotografía, en cualquier caso, debe mantenerse solo como instrumento de documentación y de registro de actitudes fugaces (ver pág. 4).

9 Cabezas y rostros de personas ancianas

Los rostros de las personas ancianas, carcomidos por el tiempo y las vicisitudes de la vida, son sujetos agradables y muy interesantes para el artista y ofrecen muchas oportunidades de estudio dependiendo de la variedad de líneas, de masas, de sombras, de formas. A medida que el rostro envejece, cambia. Y eso depende solo en parte de la presencia de las arrugas, las cuales se vuelven cada vez más numerosas y evidentes. No es necesario reproducir todos los surcos o acentuar algunos (existe la tendencia a hacer una "caricatura" involuntaria), sino que basta analizar bien el recorrido de los principales y el juego de sombras que producen. Las arrugas pueden derivar de espesamientos de grasa subcutánea y de pérdida de elasticidad de la piel, pero también de los movimientos mímicos regularmente repetidos, tal vez en el curso de toda la vida (las arrugas "de expresión"). Al dibujar el rostro de una persona anciana el conocimiento de la anatomía se demuestra aún más necesario. Por efecto de la edad, justamente, los huesos del cráneo y de la cara tienden a aflorar (sobre todo en las áreas de los pómulos y de las órbitas) mientras que los músculos se atrofian; la grasa se deposita en los párpados y bajo la barbilla (formando "bolsas"); los cabellos encanecen y clarean; la nariz y las orejas se adelgazan y se alargan; se acentúan las arrugas del cuello; aparecen diversas manchas cutáneas oscuras; etc. También las proporciones de la cara se modifican un poco porque la eventual pérdida de los dientes y, sobre todo, el adelgazamiento de la mandíbula reducen el volumen de la parte inferior del rostro.

Las personas ancianas son modelos ideales. Se pueden dibujar, a escondidas de ellos (conservando así la espontaneidad plena de la expresión o de la actitud) o bien pidiéndoles que posen y, en este caso, no raramente se muestran agradecidas por la atención que se les presta y se quedan largo tiempo en posiciones tranquilas y relajadas.

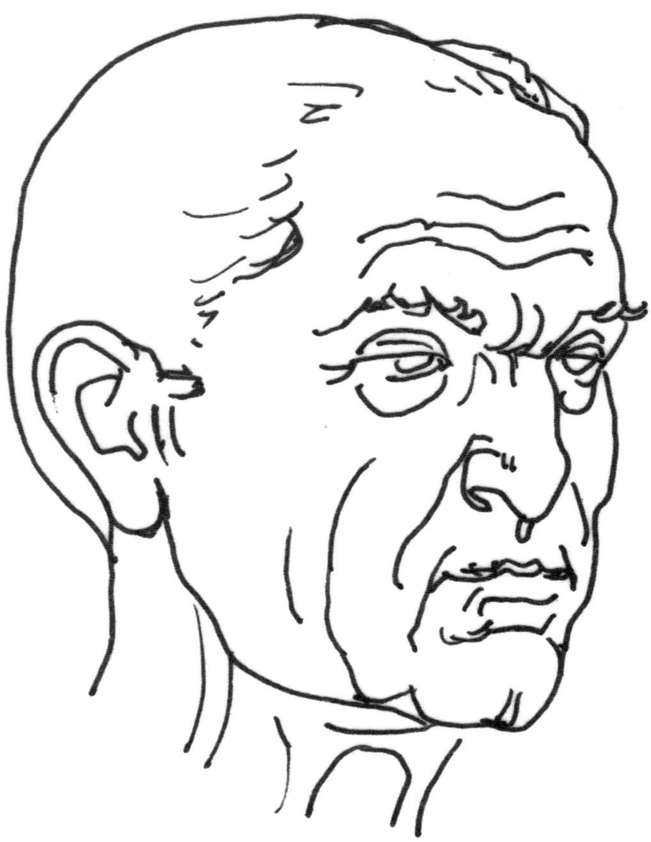

Esquema relativo a la disposición y al recorrido de las arrugas y pliegues cutáneos más comunes y principales. Las arrugas son surcos bastante leves y finos, de poca profundidad, mientras que los pliegues son más consistentes y marcados. Se forman, en particular, sobre la frente, en torno a los ojos, a los lados de la nariz y de la boca, bajo el mentón y delante de los pabellones auriculares.

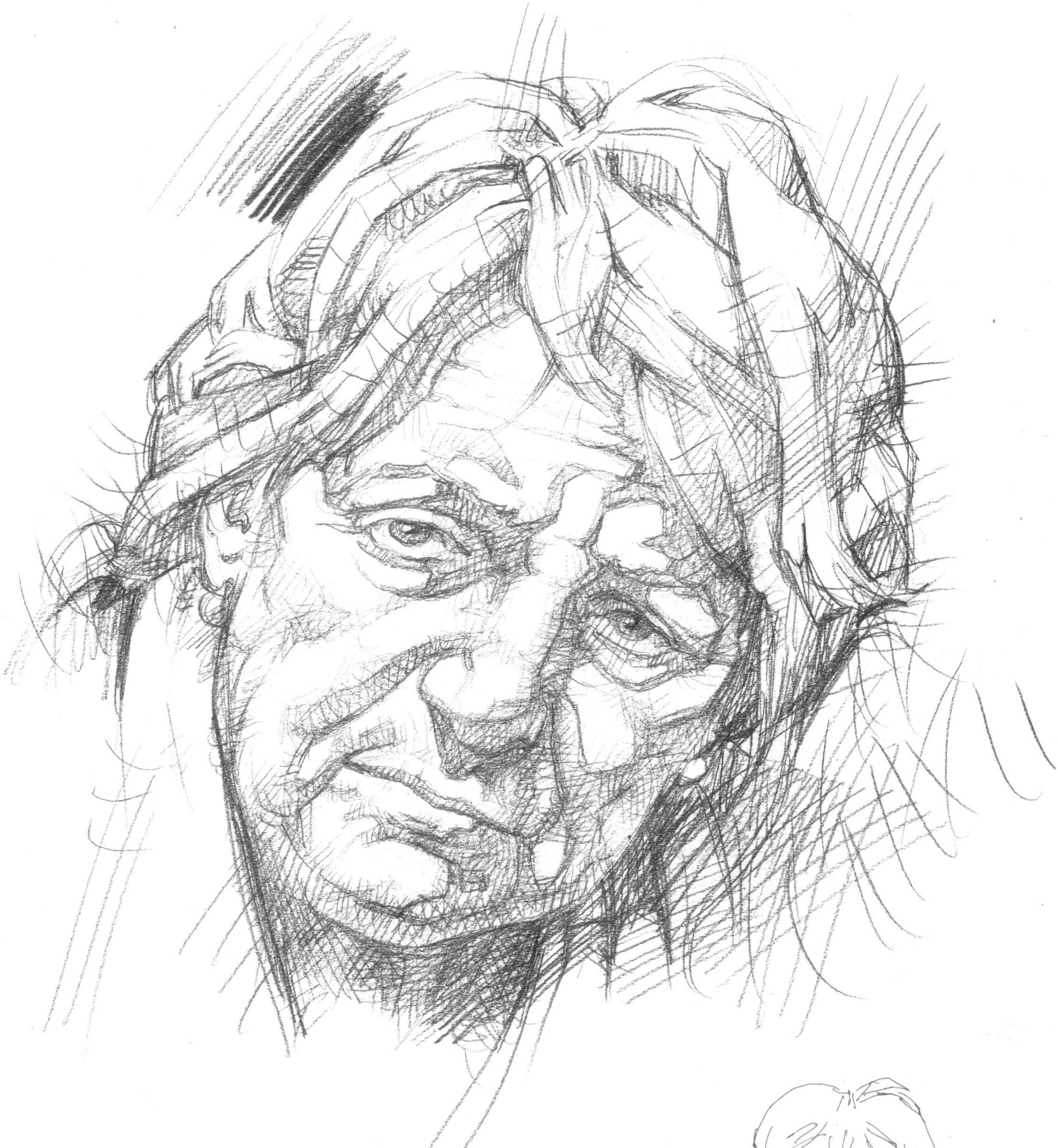

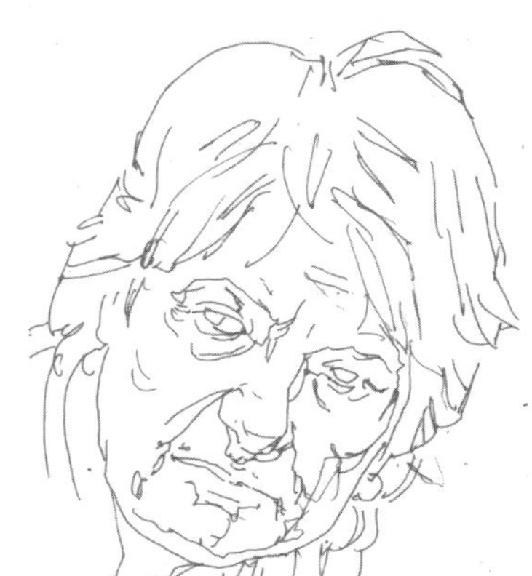

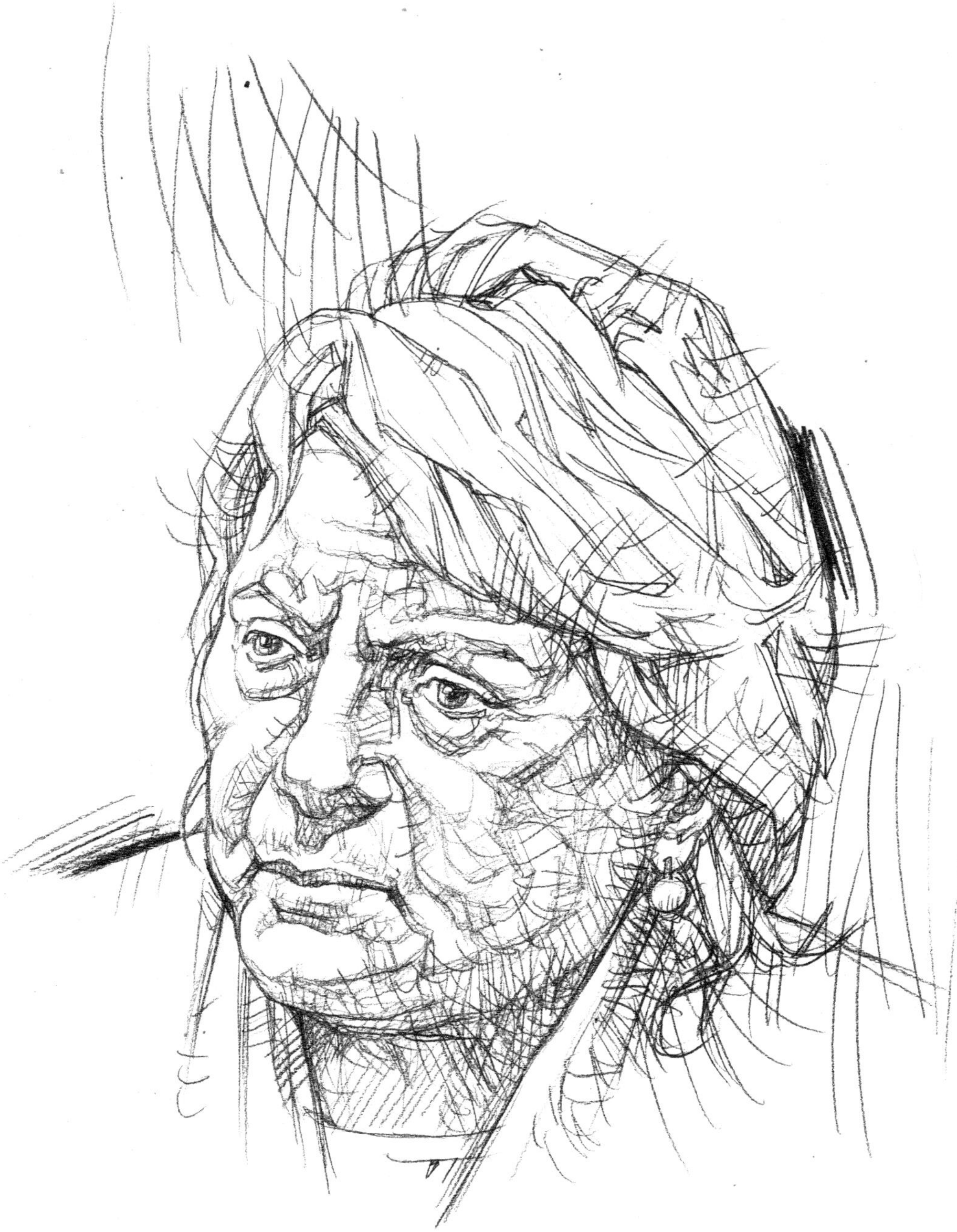

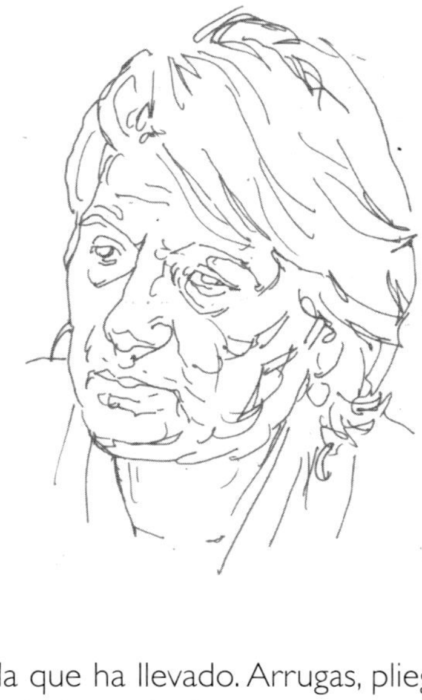

Un rostro anciano relata mucho de la persona, de su carácter y del género de vida que ha llevado. Arrugas, pliegues y venas subcutáneas se ponen claramente de manifiesto y su disposición es un elemento importante para representar los rasgos fisonómicos del modelo y para sugerir su personalidad.

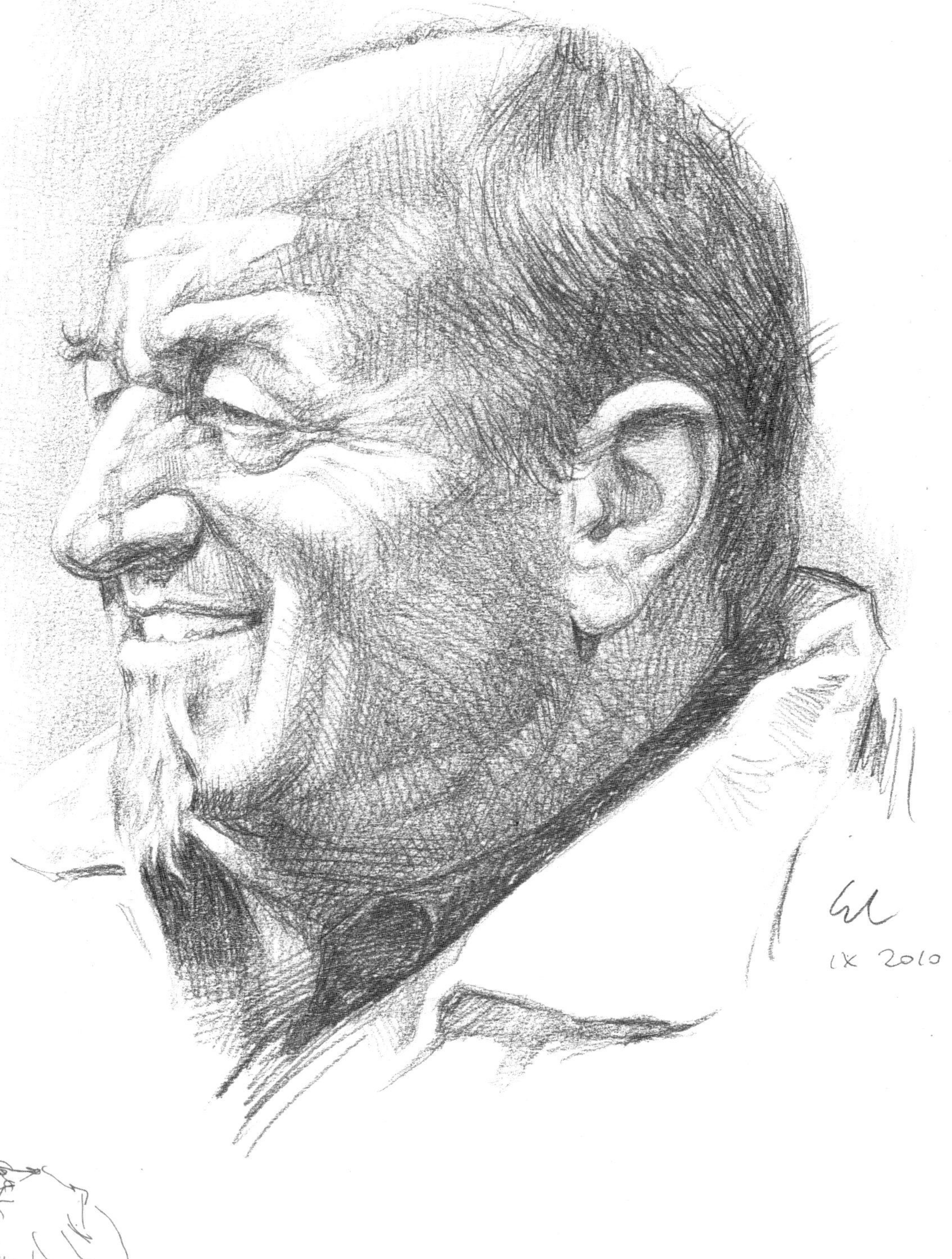

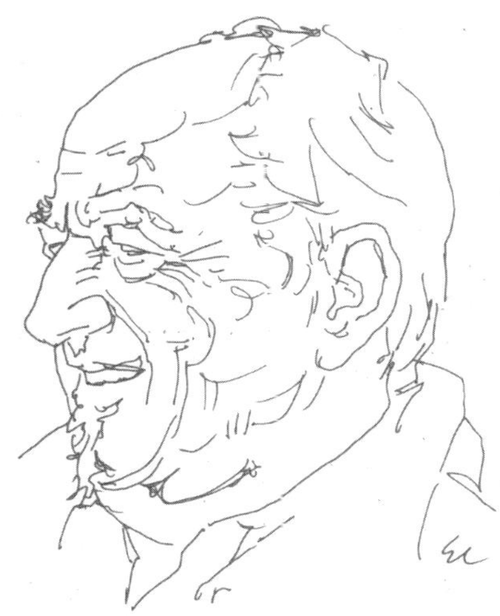

En particular en los sujetos masculinos, el pelo clarea y retrocede desde la frente y desde las sienes hacia la coronilla. En cambio, las cejas se espesan y, en la nariz y las orejas (al inicio del canal auditivo), pueden aparecer algunos característicos pelos largos y robustos. La vista oblicua de la cabeza es eficaz, tanto para un retrato como para un boceto "de expresión", porque se pone en evidencia la rica modulación de los volúmenes y de las sombras.

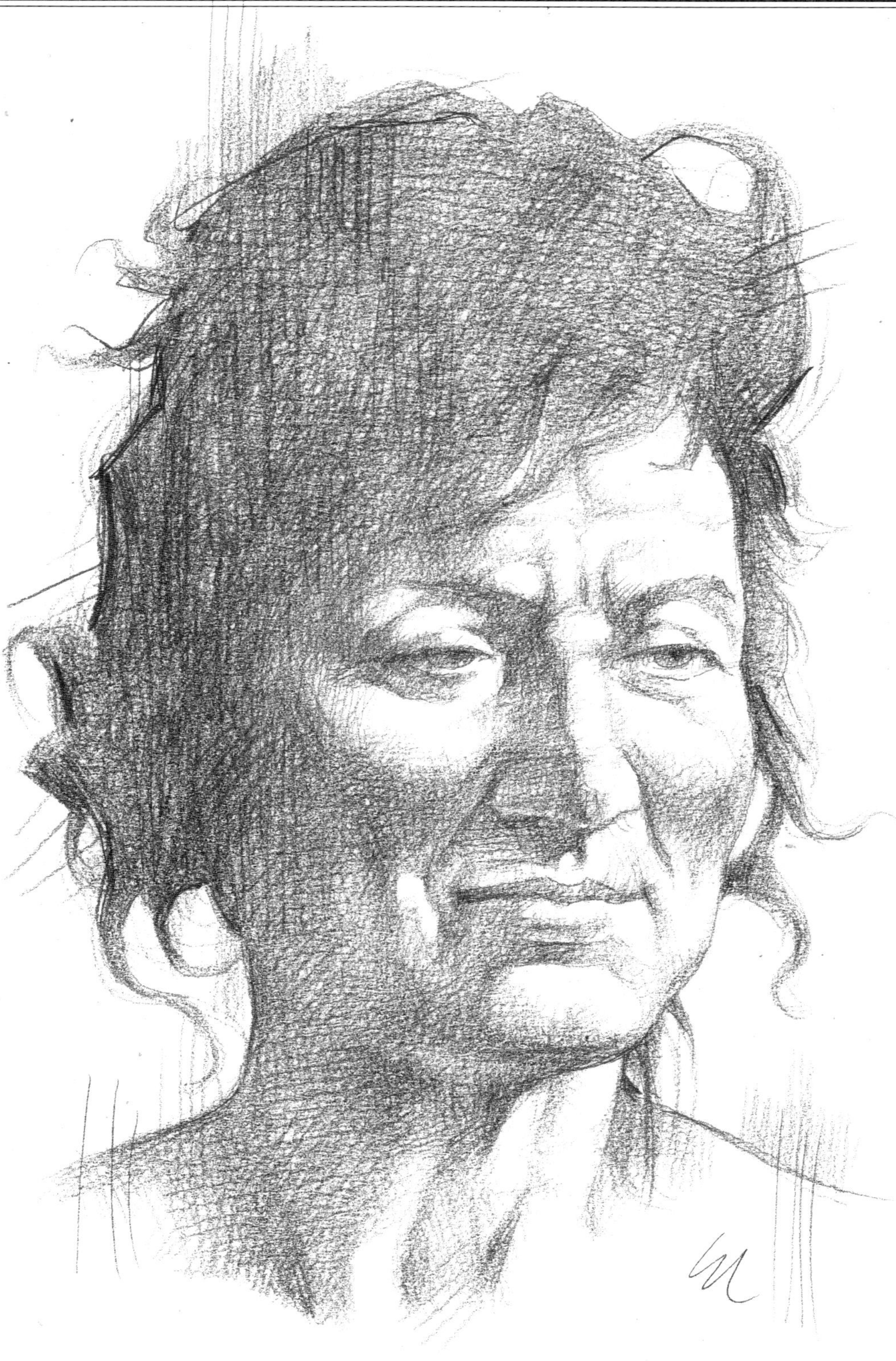

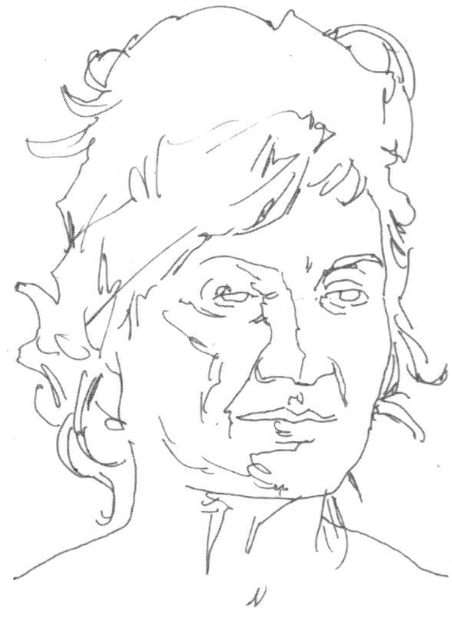

Cuando se dibuja un rostro femenino anciano conviene difuminar las características de la edad, no tanto para hacer algo que el modelo agradezca (si está posando), sino, sobre todo, para obtener efectos de sombreado más delicados y graduales, no interrumpidos por trazos demasiado incisivos.

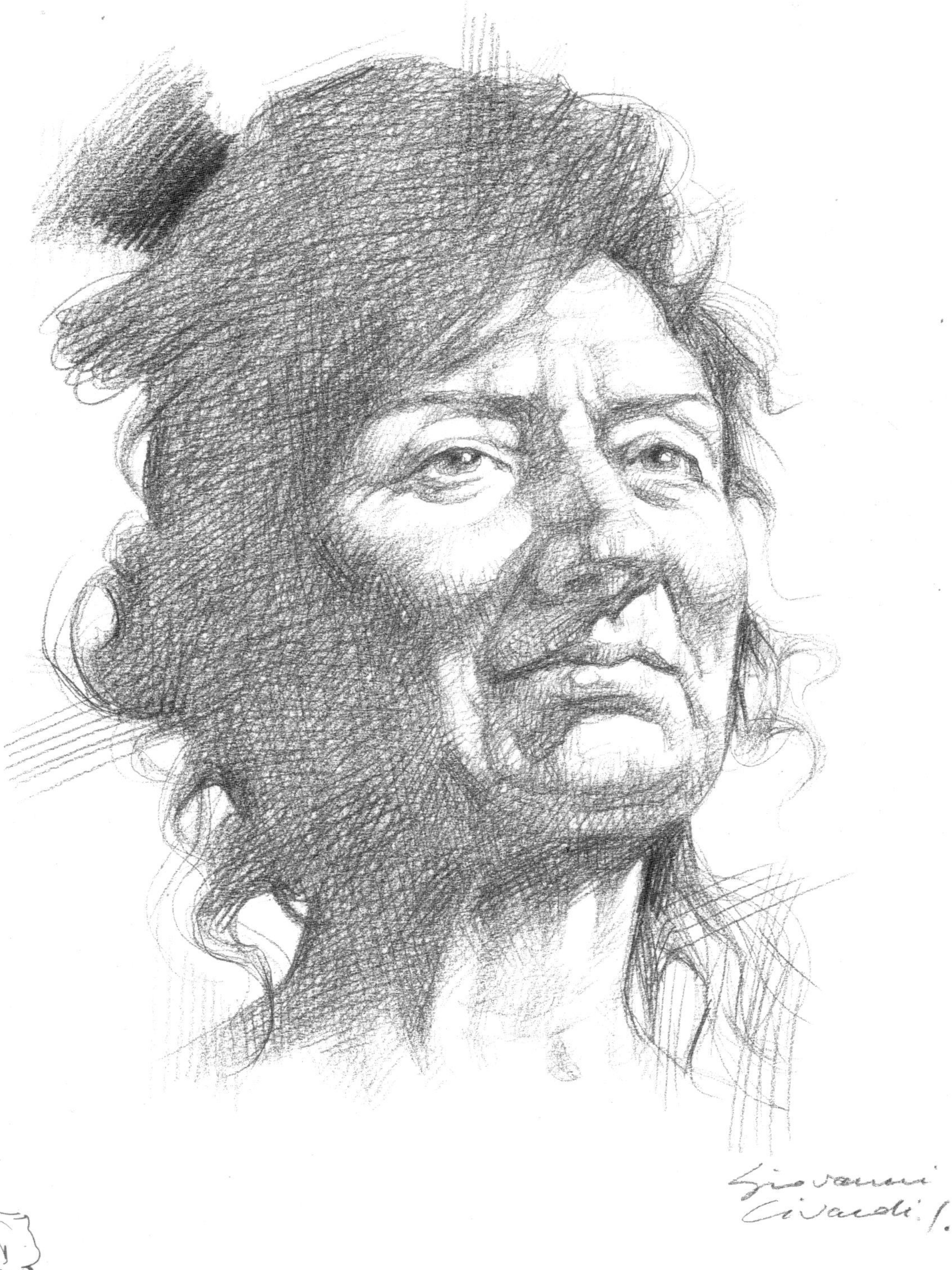

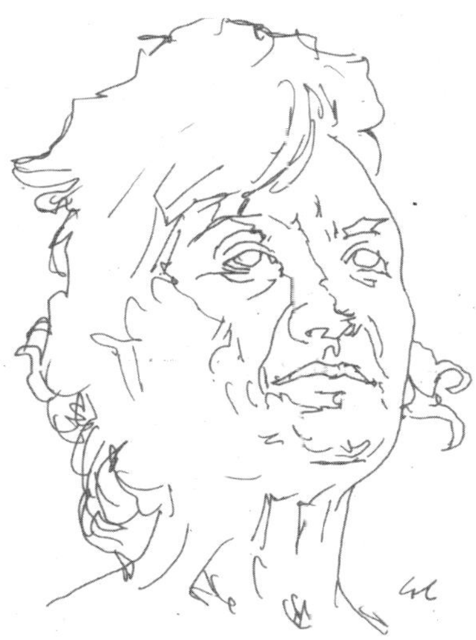

Estudios para el retrato de Elsa B., lápiz HB sobre papel, 21,5 x 30,5 cm, 2009

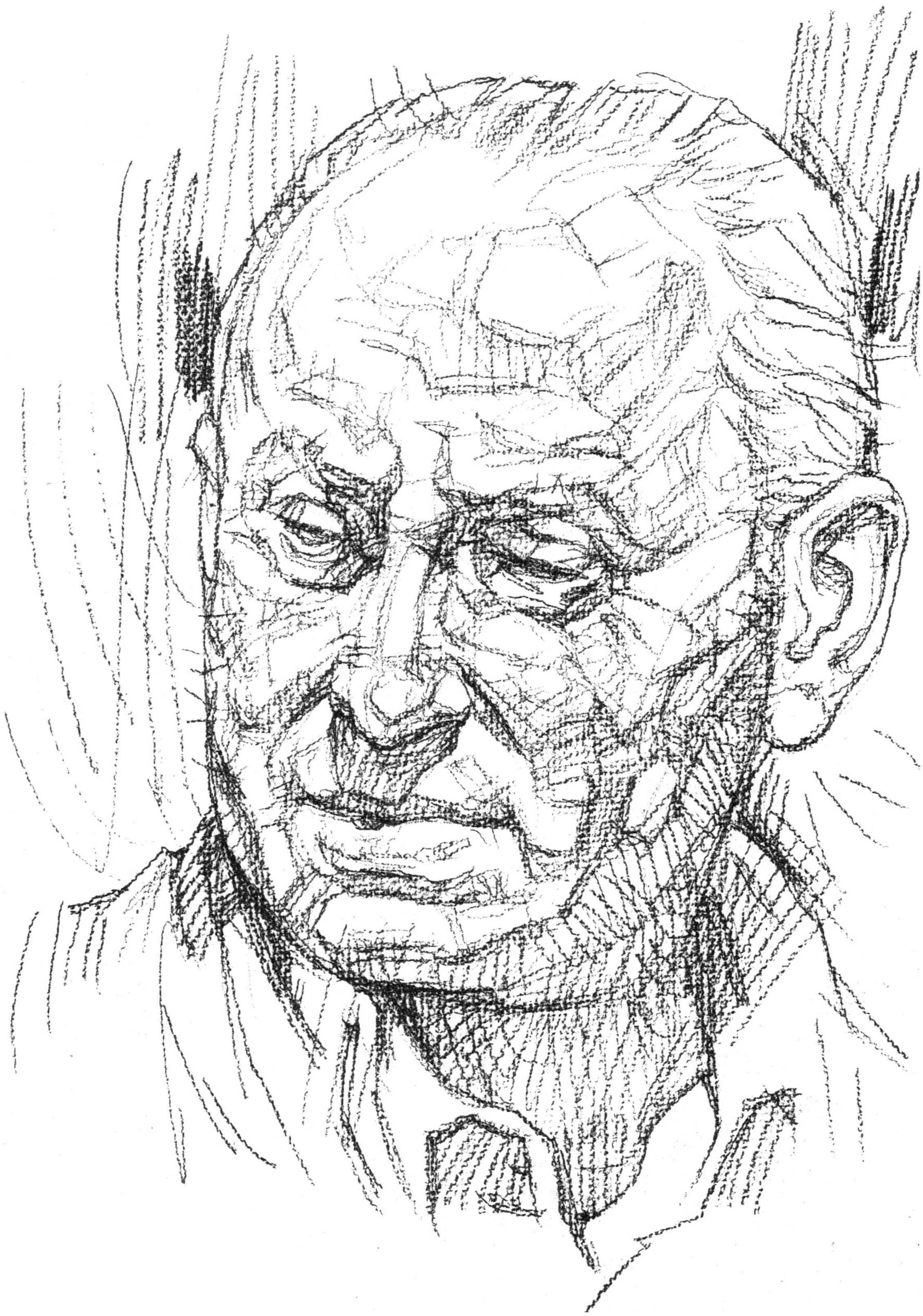

En el hombre anciano, en cambio, la modulación de las formas faciales es mucho más rica y compleja que la mostrada por un individuo adulto o joven. En consecuencia, los "planos" en los que puede subdividirse la superficie del rostro son más numerosos y dan cuenta de su variedad de orientación y de la complicada alternancia de áreas iluminadas y en sombra.

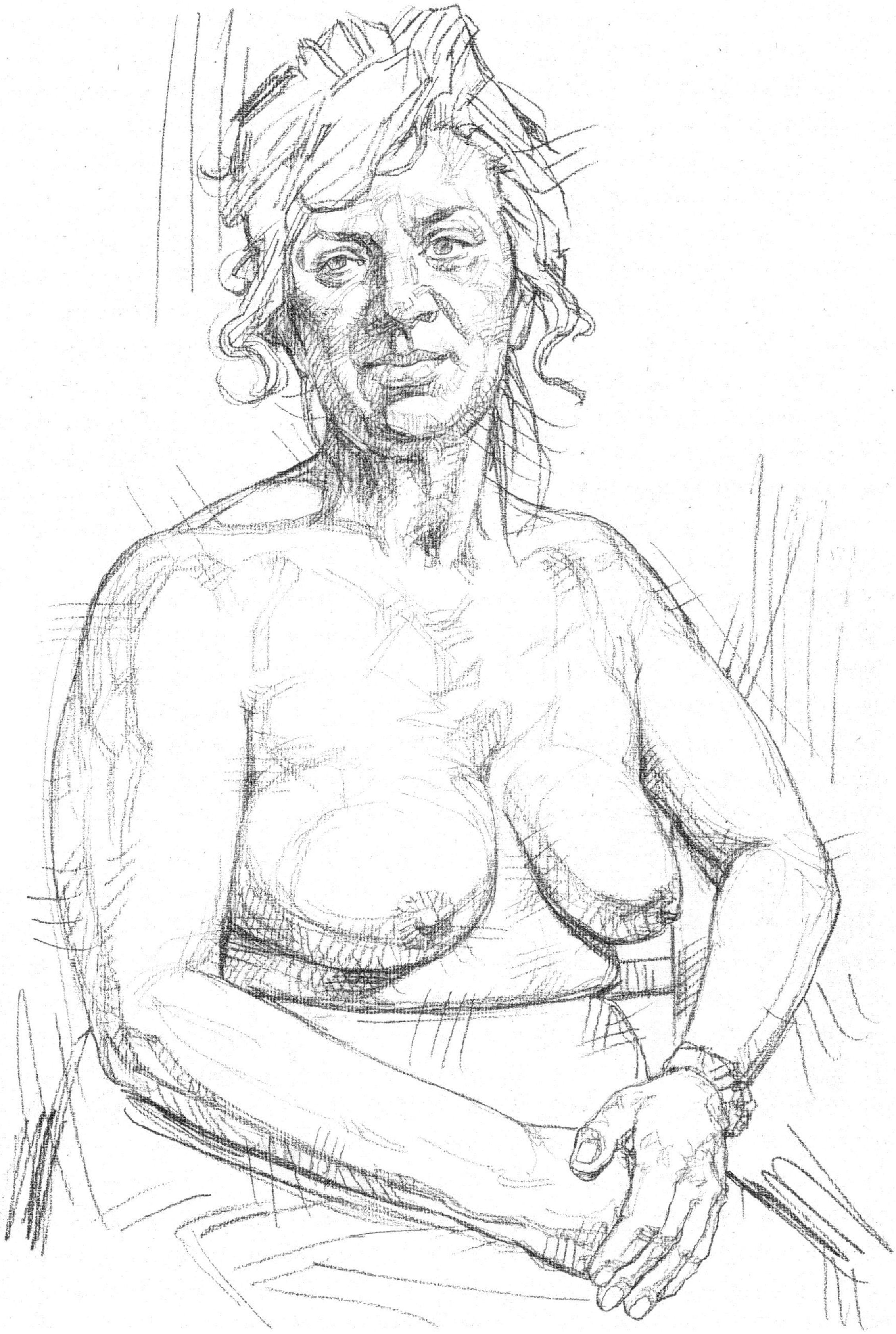

La figura femenina, también de edad avanzada, ofrece especiales ocasiones para un estudio delicado de las formas "maduras", las cuales armonizan bien con la expresión del rostro y con la sencilla serenidad de la actitud.

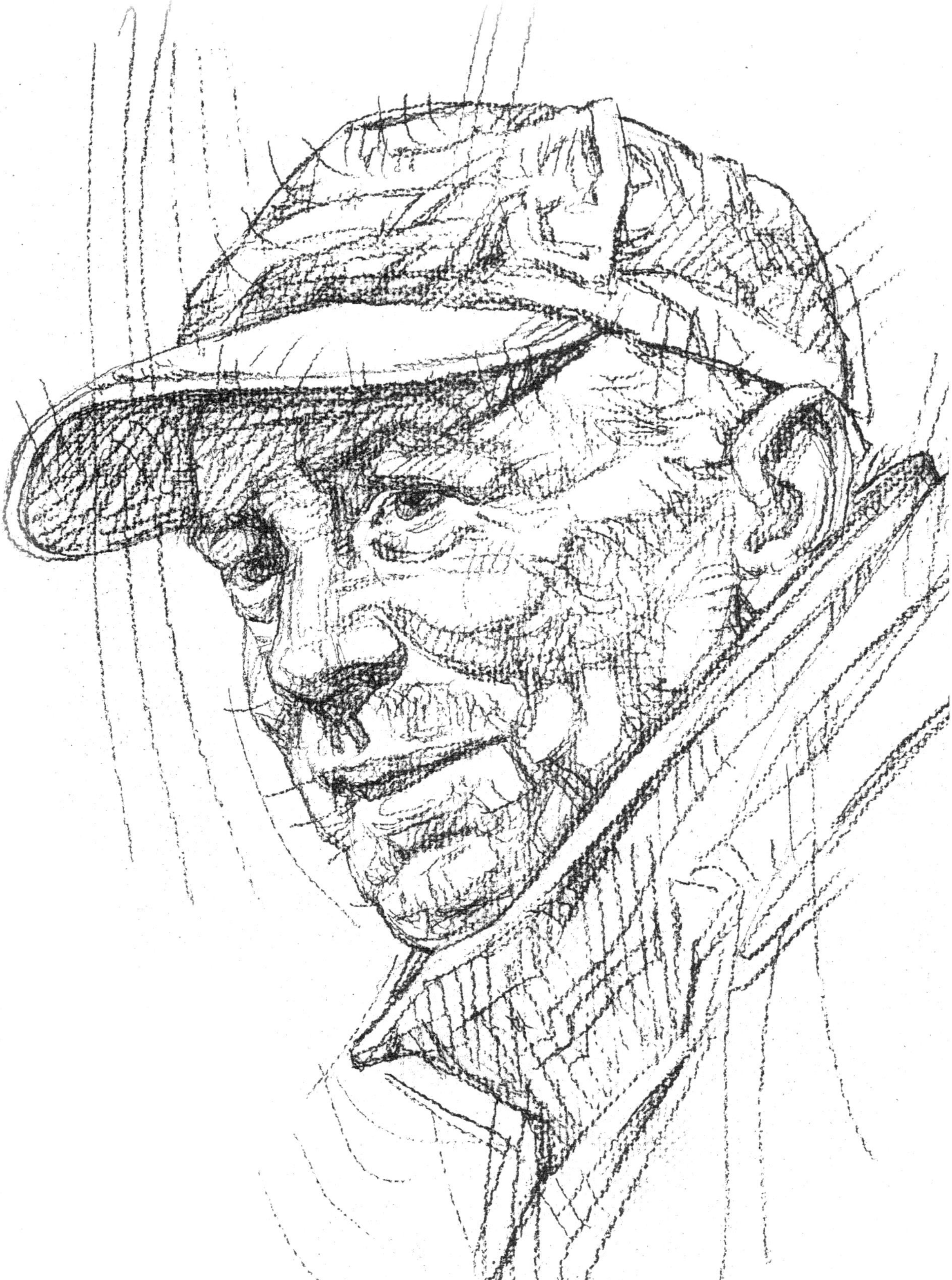